ビジネスでもジムでも使える
超実践的英語を鍛えなおす本

筋トレ英会話

Testosterone

監修 大岩秀樹（東進ハイスクール）

祥伝社

JN189412

Muscle
and
English
never
betrays.

筋肉と英語は裏切らない。

はじめに

　ごきげんよう。Testosterone だ。ついにこの時が来てしまったな……英語のお勉強の時間だ。

　俺の過去の本はすべて「筋トレしろ」という一言のメッセージに集約されるが、この本は初めてそのメッセージから外れた作品になる。

　だが、安心してくれ。俺が出す英語本が普通の英語本なわけがない。これでもか！　というぐらい思いっきり筋トレを絡めた英語本だ。「英語なんて大嫌い！」という君でも、筋トレが好きならきっとこの本を通して楽しく英語を学びなおすことができるだろう。英語が嫌いな人、英語に対する苦手意識がある人が、この本をキッカケに英語を好きに、英語を学びなおすようになってくれたら俺にとってこれ以上嬉しいことはない。

　筋トレに興味がない君も安心してくれ。この企画は、

　Testosterone「俺はこの本をただのギャグ筋トレ英語本として終わらせる気はない。基本に忠実かつ超実用的な内容にならないならやらない！」

　編集O「望むところです。こっちだって中途半端な作品を出す気はありません！」

　T&O「よっしゃ。超シリアスだけど楽しい型破りな英語本作るぞー！　おー！」

　という爽やかな本音のぶつけ合いからスタートしている。

　さらに、英語学習本としてのクオリティには一切妥協したくなかったので、一流の予備校講師・大岩秀樹先生を監修としてお迎えした。

　よって、この英語本は基本に忠実で、英語を学びなおしたい人に

とっても申し分のない内容に仕上がっている。

　筋トレオタクがなぜ英語本？　と思う人もいると思うので軽く説明させてくれ。
　第一に、俺は日本語・英語・中国語のトライリンガルだ。そして、第二言語である英語・中国語を本格的に学びだしたのは16を過ぎてからだ。つまり、子供の時から海外で生活していて気が付いたらトライリンガルになっていたというケースではないということだ。「第二言語をマスターする」という明確な目標を持ち、試行錯誤を繰り返し、第二言語習得の心得や自分の学習スタイルを確立してきたわけだ。
　最初に英語、次に中国語の順番で取り掛かったが、第二言語習得の心得と学習法を確立している分、中国語の学習は英語の学習よりもはるかにスピーディーでスムーズに進んだ。
　この本では、俺の第二言語習得の心得と学習法もお伝えする。「外国人の彼女を作れ！」なんてムチャなことは言わないから安心してくれ。俺も16のとき「彼女作るといいよ！」とアドバイスをもらい、「そんな簡単にブロンド美女の彼女ができたら苦労せんわこのボケ！　いや、待てよ。ブロンド美女どころか俺には今日本人の彼女すらいないぞ……英語習得の前に異性にモテる努力が先では……」と深く思い悩んだ記憶がある（笑）。

　英語を学びなおす準備はいいだろうか？
　英語には苦手意識があるって？　言っておくが英語なんて筋トレに比べたら楽勝だぞ。ベンチプレスを10kg伸ばそうと思ったらそ

れこそ1〜2年はかかるし、10kg確実に伸びるという保証もない。

　それに比べて英語はどうだ。英単語を5個覚えると決めたら確実に5個覚えられるし、文法だって同じだ。そう考えると、英語なんてめちゃめちゃイージーだろ。やったら確実に成長する。しかも即日だ。

　それだけじゃない。考えてもみてくれ。読者の君たちはすでに中学で3年間、高校にも通ったなら計6年間英語を勉強しているんだ。すでに3〜6年もの時間を投資し、脳に単語や文法を刻み込んできたんだ。

　マッスルメモリーってあるだろ？　運動不足で筋肉が衰えても、鍛えれば以前のレベルまではスグに戻るってやつな。英語にも同じことが言える。君たちにはイングリッシュメモリーが備わっている。この本を通して学びなおせば英語力は一気に上昇するだろう。

　さて、前置きが長くなってしまったがそろそろ始めようか。イングリッシュメモリーを叩き起こすぞ。

Testosterone

もくじ

Chapter 1

Testosterone流 英語学習法

さて、早速だが、英語の勉強を始める前に
まずは君たちの英語に対する苦手意識や
英語学習の概念を破壊させていただこう。
英語のお勉強を始める前に、
次のページの4点を
頭にしっかり叩き込んでくれ！

Testosterone流 英語習得の心得

心得１．自信を持て！
君はすでに英語を話せる。

心得２．他人の目を気にするな！
意思の疎通ができれば、
発音なんてどうでもいい。

心得３．ふてぶてしくあれ！
「俺のつたない英語を理解するのは
君たちの仕事だ！」ぐらいの精神でいこう。

心得4. 英語学習は質よりも量
英語は楽しんだもん勝ち。

では、一つずつ詳しく
見ていこう。

自信を持て！
君はすでに英語を話せる。

「君はすでに英語をしゃべれる」と言ったら、信じるだろうか？

　よく考えてみてほしい。

　中学で3年間、高校まで進んだ人なら中学から6年間、大学で英語を履修した人なら8〜10年間という膨大な時間を英語に投資してきたはずだ。

　dog は何かと聞かれれば「犬」と即答できるし、muscle は何かと聞かれれば「筋肉」と答えられるだろう。ジムに行きたければ「I want to go to gym.」と言えるし、お店で商品の値段が知りたければ「How much is this?」と聞ける。

　つまり、英語でコミュニケーションするための知識は君の中にすでに備わっているということだ。

　それなのにしゃべれないのはなぜだろうか？

　答えはシンプルで、ただ単純に話そうとしないからだ。「自分は英語が話せない」と思い込んで、英語を話すこと自体を放棄しているからだ。

実に、実にもったいない。アルファベットを覚え、単語を叩き込み、基礎的な文法は一通り学び、それをまったく使わないなんて宝の持ち腐れ以外の何ものでもない。君は、余計なことを考えなければ今すぐにでも英語での意思疎通が可能なぐらいの知識をすでに持っているのだ。通帳に１億あるのに死ぬまで気がつかず使わないぐらいもったいない。

　俺が断言しよう。
「自分は英語が話せる」と認識したその瞬間から、君は英語が話せるようになる。君には今すぐにでも海外に行き生活する基礎的な英語力が備わっている。

　試しに、海外でジムに通うことになったとしよう。
　インストラクターは、アメリカ人のマイケルだ。
「Hi, My name is Michael. What's your name ?」
　こうマイケルに聞かれたら、あなたはなんと答えるか？
　そう、もちろん、「Hi, My name is Taro（あなたの名前）.」と答えるだろう。マイケルはそうだな、「Nice to meet you Taro, let's have a great workout!」とでも言って会話は終了だ。
　workout の意味が分からないって？　大丈夫。やる気

満々の雰囲気で「yeah!」とか言っておけば誤魔化せる。あとでこそっと workout の意味は調べたらいい。第二言語なんだ。意味なんて完璧に理解できなくて当然。流れにまかせて適当に会話したらいい。

　どうだろう、これぐらいなら余裕で話せる気がしてこないか？

　会話なんてその程度のもんだ。複雑な文法を使って話す機会なんてほぼない。I am Taro. I am hungry. I want to go to shopping……言いたいことなんて簡単な単語と文法でほとんど言える。会話なんて中学英語で十分に成り立つのだ。

　日常会話なんて、今ある知識＋ノリでいける。自分は英語が話せないと勝手に思い込み、自らメンタルブロックを作り出しているだけだ。そんなもん今すぐ破壊しちまえ。

　断言しよう。君はすでに英語をしゃべれる。自信を持て！

心得 2
他人の目を気にするな！
意思の疎通ができれば、発音なんてどうでもいい。

　自分は英語が話せないと思い込むメンタルブロックのほかに、英語学習で最も邪魔になるのが他人の目だ。

　他人の目を気にしすぎるあまり、「バカにされないかな」「ネイティブっぽく話さないとカッコ悪いかな」「発音が完璧になるまで話したくないな」と英語で話すことに対して萎縮してしまう。

　中学校で習う基礎的な英語で十分にコミュニケーションは成り立つのに、とかく仮定法とか so that構文とか、「難しい構文や語彙を使いこなせない自分では他人に笑われるかもしれない」と、英語で話すことに対して消極的になってしまう。これは英語学習において、とても大きな障害だ。

　ハッキリと言おう。**英語を話すのに、発音が完璧である必要も、難しい構文や語彙を使いこなす必要も一切ない。**

　日本語英語だろうがなんだろうが、意味さえ伝われば発音なんて過剰に気にする必要はないし、自分の知っている単語、文法だけを使い、相手に意味を伝えられればそれで

いいのだ。

　幸い、相手の話す英語はコントロールできないが、自分の話す英語は完全にコントロールできる。変に気張らず、身振り手振りも使って、シンプルな文法のみを使い意思疎通さえできればそれでいい。**英語とはコミュニケーションツールだ。**意思の疎通がもっとも重要な役割であり、発音とかカッコよさとかそんなもんは二の次だ。

　日本で、外国人観光客が身振り手振りを使って一所懸命、つたない日本語を使って道を尋ねてきたら、あなたはどういう印象を持つだろうか？　たとえ発音が完璧じゃなくても、文法が間違っていたとしても、耳を傾けて応援したくなるのではないだろうか。むしろ、日本語を知っていて凄いな、と、少し尊敬すらするのではないだろうか。

　事実、日本人の英語の発音がジョークとして使われることもある。ただ彼らも、本当にバカにして笑っているわけではない。ただのジョークだ。
　タモリさんが世界中のニュースをいろんな言語で演じる芸を見たことがあるだろうか。要はあんな感じだ。タモリさんだって、別に外国の人をバカにしようと思って演じて

いるわけではないのは明らかだろう。単なるエンターテイメントとしてとらえればよいものを、気にしすぎてしまうと「バカにされている」とショックを受けてしまったり、「バカにされたくない」という思いから萎縮してしまう。

　第二言語なんだから完璧に発音できなくて当たり前だし、それを笑うやつがいたとしたら愚かなのはそいつらだ。気にすんな。

　ということで、発音や文法は二の次だ。身振り手振りを使ってとにかく英語でコミュニケーションとってみろ。

　最後に１つ問題を出そう。日本人の英語をもっともバカにしてくる人種をご存じだろうか？　正解は……日本人だ（笑）。悲しいかな、日本人が日本人の英語の発音に対して一番厳しいんだ（笑）。

　俺はアメリカの州立大学に通っていたが、現地人は日本人の英語を懸命に理解しようとしてくれるし、中国人やインド人なんて日本人より癖が強い英語を話すが、そんなことはまったくお構いなしにマシンガンのごとく話す。

　要は、相手が現地人や別国籍の人たちであれば、英語の発音なんて問題にすらならないわけだ。意味さえ通じればいい、そういう世界だ。

だが、ここに同族である日本人が入ってくると話が別だ。スクールカーストじゃないが、発音の良し悪しでカーストがあって、英語の発音が下手だと日本人コミュニティーでメッチャなめられる。これは、日本国内で英語を勉強する人たちも同じだろう。同族だからこそ互いを意識し合い、バカにしあう。

　狭い世界で同じ人種の人間が互いの第二言語の発音をバカにしあってるなんてくだらねーだろ？

　海外に出たら発音なんて問題にすらならない。

　小さいこと気にしてないで、どんどん英語使っていこう。

ふてぶてしくあれ！

「俺のつたない英語を理解するのは君たちの仕事だ！」ぐらいの精神でいこう。

　僕が日本でまだ学生をしていたころ、当然英語は話せなかった。

　英語の成績もまあまあ。取り立てて良いところはなかった。

　だが、アメリカに留学するにあたって、ひとつだけ決めていたことがある。

　それは、ネイティブにも臆さず話しかけるということだ。

　「英語は君たちにとっては第一言語だけど、俺にとっては第二言語なんだから、君たちが頑張って俺のつたない英語を理解しろ！」というふてぶてしいロジックで、アメリカ人に堂々と偉そうに話しかけまくった。

　友人を増やすためにバスケ部にも入部した。当時、ぽっちゃり系（110kg の脂肪の塊）で、走ることがこの世で一番嫌いだった、というか長時間走るのは体力的に無理だったことを考えると我ながらよくやった（笑）。

　アメリカは "筋肉が正義"（筋肉あるやつが問答無用でリーダーシップを張りモテる）文化なので、郷に入っては

郷に従えの精神で筋トレもやった。

「留学生」としてよりも、「アメリカの普通の高校生」として学校に溶け込もうと、部活だろうが筋トレだろうが何でもやった。その結果、留学生コミュニティーとはあまり関わりを持たず、現地のアメリカ人と時間を過ごすようになった。正確に言うと、現地の筋トレコミュニティーに属していた。その筋トレコミュニティーはほとんどがアメリカ人で構成されていたのだ。

　当時は高校生だったから、話す話題といえば、女の子にモテたいとか、どこのプロテインが美味しいだとか、週末何をするかとか、そういう話しやすいものばかり。英語力を鍛えるにはうってつけの場だった。

　俺も最初からペラペラだったわけではない。たとえば街に繰り出したいなと思ったら、「I want to go to shopping.」とつたない英語で言ってみる。誰にでも言える、とても簡単なフレーズだろう。意思の疎通なんて、簡単な英語で十分なのである。

　相手が理解してくれたら、とても嬉しい気持ちになる。第一言語を共有しない人間同士でコミュニケーションが取れるなんて、なんて素晴らしいのだろうと興奮すら覚えるだろう。これ、結構大切なことだ。

英語の楽しさは、英語を使ってコミュニケーションして みてはじめてわかるんだ。テストでよい点数を取るためだ けに英語を勉強していても英語の楽しさには気付けない。

　さて、話を戻そう。ずっと現地で生活を続けている と、現地の人は買い物に行きたいとき「**I want to go to shopping.**」という綺麗な言い方ではなく「**I wanna go to the malls.**(ショッピングモールいきてーなー)」と話し言 葉で砕けた表現を使うことが分かってくる。

　そんなときは、「ああ、現地の人はこんなふうに言うん だな」と学び、自分の表現方法に加えていく。次にまた出 かけたいと思ったときにはその表現を使えば、「自分、も はやアメリカ人並みに英語ペラペラやん！」と思えるぐら い英語が身についていく。こういうやり方でどんどん英語 力を鍛えていった。

　英語でコミュニケーションを取ることの楽しさが分かる と、「もっと楽しみたい」「もっと流暢に話せるようになり たい」と思えるようになり、君の英語力は加速度的に上がっ ていくはずだ。

　そして、実際に使ってみて発音が通じなかったり、意味 が通じなかったり、そういう経験をしながらあなたの英語 は磨かれていくんだ。使わなければ、いつまで経ってもあ

なたの英語がレベルアップすることはない。

　前の章に話が戻るが、つたない英語で話すなんて恥ずかしい。バカにされないだろうか？　伝わるだろうか？　と躊躇してしまう人もいるだろう。自分の英語が伝わらないと自信を失うこともあるかもしれない。

　そんなときこそこう考えてほしい。「伝わらなくて当然だ」と。

　そもそも母国語ではない言語をしゃべっているのだから、伝わらなくて当たり前だ。10回でも20回でも相手が分かるまで単語を言い続けたらいい。自分の発音のどこに間違いがあるのか、どこを練習する必要があるのかハッキリと分かるとてもよい機会だ。伝わったときにはクイズが解けた！　みたいな感じで、お互い喜びを分かち合えるだろう。

　せっかく無料で教えてくれる先生が目の前にいるんだ。正しく言えるようになるまでついでにレクチャーしてもらえばいい。第二言語をマスターしたければ、それぐらいのふてぶてしさが必要だ。

　大事なことなので繰り返すが、英語はあくまでコミュニケーションツールだ。机に向かって勉強ばかりしていても

いつまで経っても上達しないし、英語の本当の価値、楽しさはわからない。

「英語がしゃべれない」という思い込みを断ち切るのは、君自身だ。英語が相手に伝わったときの喜びは、実際に使ってみた人でないとわからない。

　相手の胸を借りるつもりで、遠慮なく会話の波にダイブしよう。

　ビジネスの場でぶっつけ本番で英語を使うのも勇気がいるだろう。そんな時は Skype で英会話できる相手を探すもよし、相互学習（言語交換）のパートナーを探してみるもよし。Facebook には外国人交流会グループも存在するので、自分が参加できそうなものを探してみて、その集まりに顔を出してみるのもいいだろう。六本木に行ったり、ブリティッシュパブに行って外国人に話しかけるのもいいな。

　実際に英語を使って会話すれば自信が一気に増すし、課題もたくさん見つかって最高だぞ。

英語学習は質よりも量！
英語は楽しんだもん勝ち。

　さて、いよいよ学習法の話だ。英語にしても中国語にしても、何かしらの語学を習得するときには大きく分けて2つのステップが必要になる。

　第1ステップは単語や基本的な文法など、基礎的な知識の暗記だ。ハッキリ言って、第1ステップはメチャメチャ退屈でつまらない。だが、避けられない。どんな天才でも単語や基本的な文法の基礎知識がないままに第二言語を勉強することは不可能だ。そして、単語や文法はとにかく暗記するしかない。

「はぁ〜、やっぱ勉強しなくちゃダメか〜」と落ち込んでいる皆に朗報がある。君たちはすでにこのもっとも厄介で面倒な第1ステップを義務教育の過程で終えているのだ。ということで、第1ステップはこの本でサラーっと勉強して昔の記憶を思い起こせば十分である。

　さて、重要なのは第2ステップだ。第2ステップでは第1ステップで覚えた単語や文法を駆使してさらに効率よく英語学習を進めていくわけだが、多くの人がこの第2ス

テップでつまずく。

　世間にはさまざまな学習法やテキストが出回っているが、この第2ステップにおいてもっとも大切なたった一つの真実を教えよう。

　それは「**英語習得の第2ステップで一番大切なのは質より量**」という単純明快な事実である。

　要は、第1ステップを乗り越えたあとは**ただひたすらに英語と触れ合う時間を長くする**という方法がもっとも効率的な学習法なのである。

　子供は母国語を特別なテキストを使って勉強せずとも完璧に使いこなすよな？　留学もそうだ。あれは、24時間嫌でも英語と触れ合わないといけない環境に身を置く荒療治だ。一日中勉強しているようなものだから、1〜2年で皆ペラペラになって帰ってくる。人間の脳は、ある程度の知識ベースさえあれば、後は体系的に学ばなくても語学が自然と身につくようにできている。（俺の持論で科学的根拠とか調べたことないからよろしく！）

　しかし、誰しもが留学に行けるわけではない。日本に居ながらにして英語と触れ合う時間を長くするにはどうしたらよいのだろうか？　大量のテキストを買い込んで、モチベーションを保ちながら毎日2時間でも3時間でも机に向

かえば良いのだろうか？

　答えはノーだ。モチベーションを保たなければいけない時点で、それは学習法の設計ミスだ。嫌なことは絶対に続かない。

　そこでお勧めしたいのが、英語を楽しむ試みである。

　英語なんて楽しめないって？　それが楽しめるんだ。俺がズバリお勧めしたいのが「海外ドラマを観ること」である。

　海外ドラマは "製作費を何十億円もかけた最高の英語学習教材" であり、これに敵う教材はほかに存在しない。

　選ぶべき作品は、「フレンズ」や「ゴシップガール」といった日常生活が中心のもの。さすが、制作段階から海外展開を見越しているだけあり、内容が抜群に面白い。しかも、美男美女ばかり登場するので、ちょっと内容が理解できなくてもずっと観ていられる（笑）。

　２〜３話見ればハマる。ハマったらこっちのもんだ。時間が許す限り楽しみながら英語と触れ合える最高の環境のできあがりだ。ぼーっと観ているだけでも、君の脳の英語処理能力は自然と超スピードで上がっていくだろう。２〜３話見ても面白くなってこないなら、さっさと別のドラマを探そう。ドラマはいくらでもある。

海外ドラマといえば、刑事モノや弁護士モノも人気だが、いかんせん専門用語が多かったり、そもそも扱うテーマが難しいのであまりお勧めしない。日常会話が中心のドラマなら、そのまま使える表現やスラングが満載なのでぜひこちらをお勧めしたい。真面目な話、俺は海外ドラマを上手く使えば"疑似留学"することができるとすら思っている。

　海外ドラマを観るときは、音声はもちろん、字幕も英語のまま視聴するように。いくらドラマ自体が面白いとはいえ、音声も字幕も英語で海外ドラマを見ていたら、理解できない部分が出てくるだろう。いや、最初の段階では、ほとんどが分からないかもしれない。でも、特に焦る必要はない。

　もっと言うと、分からない単語や表現の意味を片っ端から調べる必要もない。

　というか、調べたらダメだ。これ、メチャクチャ大切なポイントだ。

　そんなことをしていてもなかなか頭に定着しないし、30分のドラマを見るのに何時間かかるかわからない。何より、せっかくの"楽しい"教材が、"楽しくない"教材になってしまう。

　そこで俺が推奨したいのは、ドラマのなかで「あ！　こ

の表現、さっきのシーンにも出てきているな」とか「この言い回し、主人公がよく使っているな」など "気になった場合にのみ" 調べることだ。

気になった単語や文法を調べたら頭に残るが、義務的に調べた単語や文法はどうせ頭に残らない。

そんな適当なやり方でいいのか？　と思うかもしれないが、語学習得にもっとも有効とされる留学だって、基本構造はこれと同じだ。生活の中で分からない単語や文法を片っ端から調べていてはキリがないし、会話が成り立たないので、たとえ英語が完璧に分からなくてもとにかく毎日を過ごし、１日の終わりや一週間の終わりに辞書を引き学習し、徐々に英語に慣れていく。これの繰り返しで語学を習得するのだ。

気になった表現の意味を調べるのと同時に、実際に発音もしてみてほしい。この時、自分が日本人であるということを忘れてくれ。言語というより、音のマネをするイメージだ。登場人物の発音をそっくりそのままモノマネをするんだ。これで、リーディング、リスニング、スピーキングを押さえることができ、ずっと続けていれば英語力は格段に伸びていく。

ちなみに、アメリカには日本のアニメオタクがたくさん

いるのだが、彼らの中には大学で日本語を勉強したわけでも、日本に住んでいたわけでもないのに、こちらが驚いてしまうぐらい流暢な日本語を話す人がいる。「日本に住んでいたのですか？」と聞くと「いえ、アニメを見ていただけです」というケースが結構あるのだ。

ときどき Skype英会話や外国人交流会に参加して勉強（インプット）した英語を実用（アウトプット）してみることも忘れないでくれ。自分の英語力の進化スピードに驚くとともに、新たな課題も見つかる最高の機会となるだろう。イケそうなら欲張って異国の恋人も作っちゃおう。恋人ができると伝えたいことがありすぎて、誰に強制されることもなく自主的にメッチャ勉強するようになる（笑）。俺の中で、恋人を作るのはドラマ学習法を上回る唯一の学習法だ。難点は、英語が完璧じゃない状態で外国人の恋人を作るのは留学よりも狭き門という１点だけだ……。

話を戻そう。幸運なことに、海外ドラマは誰にでも見られる。現在はインターネット上に素晴らしいコンテンツが豊富に揃い、しかも月額1000円程度で動画が観放題になるサービスもたくさんある。こんな素晴らしい教

材を使わない手はない。ちなみに、俺の知る限り現時点（2018年5月）でNetflixは英語字幕を選択できるが、Amazonビデオでは選択できないので注意が必要だ。（Amazonさん！ 字幕の選択機能の追加よろしくお願いします！）

　"楽しむ"ことが重要なのであって、他に楽しい勉強法があれば必ずしも海外ドラマで英語を勉強する必要はないが、リスニング、リーディング、新しい単語の記憶、瞬発的な英語の理解力、スピーキングをバランスよく鍛えられるこの勉強法は非常に優秀であることは間違いないので、ぜひ試してみてほしい。

Testosterone流第二言語習得の心得と学習法、
いかがだっただろうか？
なんとなく英語が話せる気がしてきただろうか？
これぐらいなら続けられそうな気がしているだろうか？
そうであれば嬉しい。
そして、その気持ちを忘れないでくれ。
何度も言うが英語なんて楽勝だ。
その「イケんじゃね？」って気持ちを大切にしていこう。

Chapter 2

動詞と基本の文型

さて、早速英語を鍛えなおしていこうか。
まずは英語の基本中の基本となる
「動詞」と「文型」を学ぼう。
筋トレでいえばビッグ3のようなものだ。
コイツらをマスターすれば
片言でもある程度の会話はできるぞ！

I'm a bodybuilder.

私はボディビルダーだ。

解説

　さて、まずは基本中の基本、be動詞からいこうか。be動詞とか偉そうな名前がついてるが楽勝だ。次のように考えてみてくれ。

1) be動詞は主語が何かと「＝」であるということ
2) be動詞は主語がどこかに「いる・ある」ということ

be動詞は主語によって異なる。I am ／ You are ／ He(She) is ／ It is ／ We are ／ They are——これは覚えるしかないので諦めて暗記しちゃおう。

　ということで、さっそく使い方を見ていこう。

　たとえば、左の「私はボディビルダーだ」という例文は、主語の「私」＝「ボディビルダー」だから I am a bodybuilder. だ。
同じく「彼は私のトレーニングパートナーだ」なら主語の「彼」＝「私のトレーニングパートナー」だから He **is** my training partner. と言えばいい。

　次に２つめの用法「いる・ある」を見ていこう。

　たとえば「私のトレーニングパートナーはジムにいる」は My training partner **is** at the gym. だ。同様に、「私のジムは駅の近くにある」は My gym **is** near the station. となる。

　簡単すぎてウォームアップにもならなかったな。この調子でガンガン行こうか。

I'm a manager of this new project.
私はこの新しいプロジェクトの管理者です。

She is the new manager of this new project.
彼女がこの新しいプロジェクトのマネージャーです。

I love to
lift weights*.

私は筋トレが大好きだ。

解説

　be動詞が表わすのは、主語が何かと「＝」だということと、主語がどこかに「いる・ある」ということ。これに対して一般動詞は**主語の「動き・状態」**を表わす。たとえば、「彼女は毎日スクワットをしている」She **squats*** every day.。「私は筋トレが大好きだ」は I **love** to lift weights.——これらの例文では「スクワッ

★ **lift weights** 筋トレをする
★ **squat**【skwάt】（名）スクワット
★ **real estate**【ríːl estéit】（名）不動産

トをする（squat）」「大好き（love）」が主語の動き・状態＝一般動詞というわけだ。

ところで一般動詞と一緒に必ず習うのは「三単元」だ。すなわち「彼（he）」「彼女（she）」「それ（it）」、あるいは固有名詞（人の名前など）が主語となる場合、動詞に s（単語によっては ies ／ es）をつける。前の例文でも、She が主語だと squat という動詞が squat**s** となっているのがそれだ。どうもこの三単元ルールを気にしすぎるあまり、頭が混乱して英語に対して苦手意識を持ってしまう人が多いらしいが、まあ落ち着け。そんなことで英語への苦手意識が増してしまうなら、そんなルール無視でいい。テストや文章を書くときは別だが、会話のときは三単元 s をつけ忘れたところで何の問題もなく意味が通じるから安心しろ。

正しさも重要だが、常に完璧を目指すと進みが圧倒的に遅くなる。それよりも大切なのは、適度なペースで勉強を進めること、続けることだ。そうしているうちに上達していき、ついでに精度も上がっていく。これは筋トレも英語も同じだ。道でつまずいても「は？ つまずいてねーし」って顔してそのまま歩き続ける人を見習って、三単元の s をつけ忘れても「は？ ちっちゃく s って言ったし」って顔してそのまま会話を続けよう。細かいことは気にすんな。

ビジネス英語

I sell real estate.
私は不動産を売っている。

He sells cars.
彼は車を売っている。

He is not in shape*.

**彼はあまり
引き締まった体をしていない。**

解説

　どんな文でも、**not** を入れれば**否定文**になるが、be動詞か一般動詞かによって形が少し変わる点だけ要注意だ。

　be動詞の文は、be動詞の後ろに **not** を入れるだけだ。たとえば「彼は引き締まった体をしている」は **He is in shape.** であり、こ

★ **in shape** （形）体が健康な
★ **expect** 【ikspékt】（動）期待する
★ **qualify** 【kwάləfài】（動）資格を得る、適任である

れを「彼は引き締まった体をしていない」と否定するなら、be動詞の is の後ろに **not** を入れるだけ——He **is not in shape.** となる。

　一方、一般動詞の場合は **not** の前に"助っ人"が必要だ。その助っ人とは **do** / **does** である。たとえば「私はトレーニングをすると言うときは **I workout.**「彼女はトレーニングをする」と言うときは **She workouts.** これらを否定して「私はトレーニングをしない・彼女はトレーニングをしない」と言う場合は **I do not workout.** / **She does not workout.** となる。

　どうだ、びっくりするくらい簡単だろう？

　ただし、ここで1つ注目！　**She workouts.** の否定文は **She does not workout.** となっているように、**not の後ろの動詞は必ず「原形」になる。**

　トレーニング後にプロテインを飲み忘れないのと同様、**does not** の後の動詞を原形に戻すのも忘れないように！

ビジネス英語

This is not what I expected.★
私の期待していたものと違うな。

He does not qualify★ for this job.
彼はその仕事に適任ではない。

Are you new here?

こちらへは初めてですか？

解説

　疑問文のポイントは「頭に動詞！」。たとえば be 動詞の文の場合
は「頭に be 動詞」だ。「こちらへは初めてですか？」と聞きたいと
きは **Are you** new here? 「あなたはウェイトリフティングが得
意ですか？」なら Are you good at weightlifting? となる。

　せっかくだから答え方も一緒に覚えておこう。「はい、そうです」

は **Yes, I am.**「いいえ、そうではありません」は **No, I am not.** だ。ちなみに英語の場合は「事実」かどうかで **Yes ／ No** が分かれる。たとえば **Aren't you a trainer?**（あなたはトレーナーではないのですか？）と聞かれて、**Yes.**（はい）と答えれば「トレーナーである」、**No.**（いいえ）と答えれば「トレーナーではない」という意味になる。日本語では「はい（トレーナーではないです）」で会話が成り立つが、英語では「いいえ（トレーナーではないです）」と言わなければ意味が変わってきてしまうのだ。

　そして一般動詞の疑問文も「頭に動詞！」だが、その動詞とは、否定文でも登場した "助っ人" **Do(Does)** のことである。たとえば「何かスポーツをやっていますか？」と聞きたいときは **Do you play any sports?** となるのだ。誰かにそう聞かれて答えるときは、事実（スポーツをやっている）なら **Yes, I do.I play rugby.**（はい、やっています。ラグビーをしています）などと答えればいいし、事実でないなら、**No, I don't.**（いいえ、やっていません）でいい。

　よし、これで疑問文（＆答え方まで！）もあっさりクリアだ。片言でいいならもう会話成り立っちゃうレベルだよ。

ビジネス英語

Is he the new manager of our marketing department★?
彼が我々のマーケティング部門の新しいマネージャーですか？

-Yes, he is. - はい、彼がそうです。
Does she speak English? 彼女は英語を話しますか？
-No, she doesn't. - いいえ、彼女は話しません。

You don't lift weights, do you?

筋トレしてないでしょ？

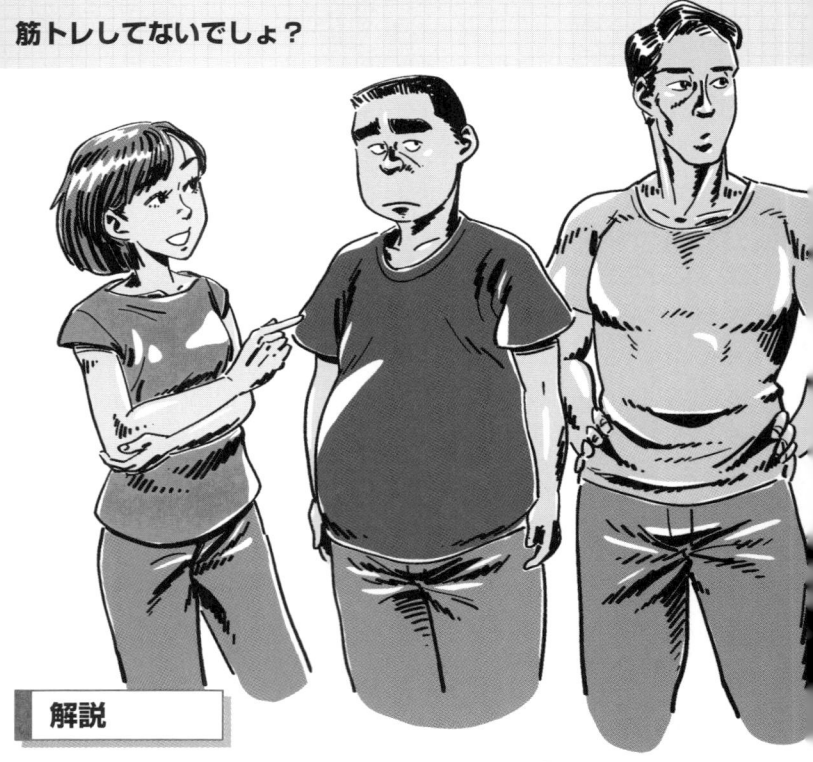

解説

　自分が言ったことにちょっと自信がなくて、「だよね？」と確認したい。そんなときに使えるのが付加疑問文だ。

　日本語だったら「だよね？」「ですよね？」で済むが、そこは主語と動詞にウルサイ英語、もう少し厳密な言い回しが必要となる。まあ、間違えても意味が通じりゃいいからサラッと流し読みして

★ **job**【dʒɑ̀b】（名）仕事
★ **candidate**【kǽndədèit】（名）候補者、志望者
★ **position**【pəzíʃən】（名）ポジション、職位

頭の片隅に入れておいてくれ。そのうち慣れる。付加疑問文のポイントは**「まず言い切る」**、そして**「言い切った文体と逆の文体で聞き直す」**だ。否定文で言い切ったら肯定文で聞き直す、否定文で言い切ったら疑問文で聞き直す、ということだが……え、よく分からない？　ならば筋トレも英語も実践あるのみ！　具体例を見ていこう。たとえば「あなたはトレーナーですよね？」と聞きたいときは You are a trainer,**aren't you?** だ。見ての通り肯定文で言い切り、否定文（短縮形の否定文）で聞き直している。では「あなたはジムのトレーナーではありませんよね？」なら、どうなるか？そう、否定文で言い切り、疑問文で聞き直す——You are not a trainer, **are you?** だ。

　一般動詞でもルールは同じ。「筋トレしてるよね？」は You lift weights, **don't you?**、「筋トレしてないでしょ？」なら You don't lift weights,**do you?** だ。筋トレしている人にこれを言うのは遠回しに「お前の体だらしねーなー」と侮辱しているも同様なので、くれぐれも注意してくれよな！　もちろん、主語によって動詞が変われば、is(isn't) he? ／ does(doesn't) he? という具合に付加疑問文も変わる。

ビジネス英語

You didn't finish your job★, did you?
仕事終わらせなかったでしょ？

She is the top candidates★ for that director position★, isn't she?
彼女があのディレクター職位の筆頭候補ですよね？

＊ be動詞は、

①主語が何かと「＝」だと言いたいとき

②主語がどこかに「いる・ある」と言いたいときに使う

＊主語によって使うべき be動詞は変わる：

　I am ／ You are ／ He(She) is ／ It is ／固有名詞 is ／

　We are ／ They are

＊一般動詞は、主語の「動き」を表すときに使う

＊ be動詞の否定文は「主語＋ be動詞＋ **not** ….」

＊ be動詞の疑問文は「be動詞＋主語 …？」

＊一般動詞の否定文は

　「主語＋ **do(does) not**＋一般動詞（原形）.」

　主語が **I ／ you ／ we ／ they** のときは **do** を使い、

　he(she) ／ it ／固有名詞（人の名前など）のときは

　does を使う。

＊一般動詞の疑問文は「**Do(Does)** 主語 一般動詞（原形）？」

＊「だよね？」と確認する付加疑問文は、最初に言い切った

　文とは逆の文体で聞き直す

「なまった体を鍛えなおさねば！」とジムに入会したトレーニーのごとく、君は、今まさに「英語やり直し」の一歩を踏み出した。

　最初の感触はどうだっただろうか？「英語ってこんなに簡単だったっけ？　楽勝やん！」と思っていることだろう。実際その通りなんだよ。苦手意識は忘れて、楽勝のまま最後まで突っ走るぞ。

　英語なんて慣れだ。トレーニングを開始したばかりの頃はフォームを意識しないとフォームが崩れてしまうが、反復していくうちに頭で考えなくても正しい動作が行なえるようになるだろ？　英語も同じだ。繰り返していけば確実に英語が自然と浮かぶようになるし、苦手意識も薄れていく。

　慣れるにはとにかく英語に長時間触れることだ。聞く、話す、読む、書くを繰り返せ。この本に出てくる例文を繰り返し声に出して読み、書き、be動詞と一般動詞、プラスαとして付加疑問文の使い勝手を完璧に頭に叩き込んでしまおう。筋トレ同様、反復が大切だ。

　スクワットを10レップ*5セットやるかごとく、例文も10レップ5セットぐらい読み上げろ。恥ずかしがらずネイティブの発音を真似して堂々とやるんだぞ！

　申し訳なさそうに日本語に近い発音で英語をしゃべるな。アメリカ人のモノマネするぐらいのつもりでやれ。

*レップ…トレーニングをやる回数

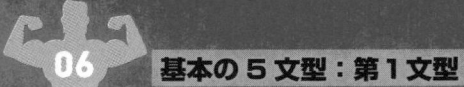

Takashi is in the gym.

隆史はジムにいる。

解説

　be動詞と一般動詞、それぞれの否定文と疑問文をマスターしたところで、覚えてほしいのは「基本の5文型」だ。

　中学の英語の時間に、「主語は **S**」「動詞は **V**」「**SVO**」「**SVOC**」なんて呪文を先生が唱えていたのを覚えているだろうか？　あの話

の復習なんだが——ぐぬぬぬぬ……。そう聞いただけでダイエットに失敗するがごとく苦手意識がリバウンドした人もいるかもしれないが、ここを通らないと英語に対する苦手意識は永久に消えない。

逆に言えば、これから見ていく5つの文型さえ頭に入れてしまえば、英語力の土台ができたも同然だ。気合いで乗り切るぞ。皆さん、ここはスクワットのラスト2レップだと思って踏ん張ってください。

ではさっそく見ていこう。

第1文型は「主語＋動詞」——たとえば、be動詞だと **Takashi is** in the gym.（隆史はジムにいる）、一般動詞だと **I lift weights** hard.（私は一所懸命、筋トレする）というのが第1文型だ。

……え？「動詞の後ろにも文が続いているから主語＋動詞になっていないじゃないか」って？　そう思った人、なかなかスルドイぞ。説明しよう！　上の例文の **in the gym** や **hard** は、じつは単なる「修飾語」なのだ。**in the gym** は be動詞を飾っているし、**hard** は **lift weights** を飾っている。

こうした修飾語は、じつは文型には関係ない。だから、主語＋動詞の第1文型といえるのだ。

ビジネス英語

Keiko is at work.
恵子は職場にいる。

Takashi became a physique* competitor*.

隆史はフィジーク選手になった。

解説

　第2文型は「主語＋動詞＋補語」──耳慣れない「補語」ってのは、要するに「主語とイコールの関係の名詞や形容詞」と覚えておけばいい。

　たとえば「隆史はフィジーク選手になった」と言いたいときは第

★ **physique** フィジーク：バランスのとれたマッチョを決める競技
★ **competitor** 【kəmpétətər】（名）競争相手、選手
★ **muscular** 【mʌ́skjələr】（形）筋肉の発達した

２文型の出番。「隆史はなった（Takashi became）」＝「フィジーク選手に（a physique competitor）」だから Takashi became a physique competitor. だ。

そして、イコールといえば、P32で「be動詞は主語が何かとイコールと言いたいときに使う」と説明した。「私はボディビルダーだ」は「私（I）」＝「ボディビルダー（bodybuilder）」だから I'm a bodybuilder.──これも文型でいうと第２文型というわけだ。同様に「彼はムキムキだ」と言いたいときも「彼（he）」＝「ムキムキ（muscular*）」だから、やはり第２文型で He is muscular. となる。

どんどん行こう。次の第３文型は **「主語＋動詞＋目的語」**──**「目的語」とは「動詞を受け止めるもの」** だ。たとえば「私はそのジムへ行く」なら、動詞「へ行く（go to）」を「そのジム（the gym）が受け止めている。だから第３文型で I go to the gym. となる。「隆史はプロテインを購入した」も同じ。動詞「買った（bought）」を「プロテイン（a protein powder）」が受け止めているから、やはり第３文型で Takashi bought a protein powder. となる。

ビジネス英語

第２文型：Keiko became an area manager.
恵子はエリアマネージャーになった。

第３文型：Keiko wrote an Email.
恵子はEメールを書いた。

Takashi gave his training partner an advice.

隆史は彼のトレーニングパートナーに
アドバイスを送った。

解説

　第4文型と第5文型は、第2、第3文型の延長バージョンといっ
ていい。ハーフスクワットが、フルスクワットになったみたいな感
じかな〜（分かりづらい）。

　第4文型は「主語＋動詞＋目的語（人）＋目的語（物事）」——

ポイントは見ての通り**「目的語が２つある」**ことだ。これで言えることの幅がさらに広がる。たとえば「隆史は彼のトレーニングパートナーにアドバイスを送った」と言いたいとき、動詞「送った（gave）」を受け止める目的語は、「彼のトレーニングパートナー（his training partner）」と「アドバイス（an advice）」の２つ。したがって第４文型で Takashi gave his training partner an advice. となる。

　そして最後、**第５文型は「主語＋動詞＋目的語＋補語」**——こうなるともう、オールスター共演である。

　目的語は「動詞を受け止めるもの」。そして再度の登場となった「補語」は、ここでは「目的語とイコールの関係の形容詞」だ。たとえば「隆史は彼の体を引き締まった状態に保っている」と言いたい場合、動詞「保っている（keeps）」の目的語は「彼の体（his body）」であり、「彼の体」＝「引き締まった状態（lean*）」という関係性になっている。だから第５文型で Takashi keeps his body lean. となるわけだ。

ビジネス英語

第４文型：Keiko wrote her customer* an Email.
恵子は彼女の客にＥメールを書いた。

第５文型：Keiko named the project "Future".
恵子はそのプロジェクトをフューチャーと名付けた。

＊基本となる文型は5つある。

＊第1文型：主語＋動詞

＊第2文型：主語＋動詞＋補語

　補語＝「主語とイコールの関係の名詞や形容詞」

＊第3文型：主語＋動詞＋目的語

　目的語＝「動詞を受け止めるもの（名詞）」

＊第4文型：主語＋動詞＋目的語（人）＋目的語（物事）

＊第5文型：主語＋動詞＋目的語＋補語

　補語＝「目的語とイコールの関係の形容詞」

　胸、肩、腕、背中、脚と体の部位を5分割して鍛えるのと同様、英語力もこの5つの基本文型を鍛え上げていけば効率よく鍛えられるぞ。

　というわけで、張り切っておさらいだ。

　こうして並べてみると、第1文型はあまりにそっけないようだが、すでに説明した通り、**Takashi is in the gym.**（タカシはジムにいる）、**I lift weights hard.**（私は一所懸命、筋トレをする）などと「修飾語」が入れば、一応は意味を成す文になる。

　しかし、すべての文が第1文型のように「私はなった（**I became.**）」「私は買った（**I bought.**）」などでは何か物足りない。「なった」なら「何に？」、「買った」なら「何を？」という疑問が、当然ながら浮かんでしまうからだ。これらの疑問に答えるのが「補語」と「目的語」——すなわち第2文型、第3文型の出番というわけだ。

　そして第4文型と第5文型は第2、第3文型の延長バージョンとして紹介した。もう1つ、目的語あるいは補語を加えることで、「〜に〜をした」などと、言えることの幅がぐんと広がるのだ。

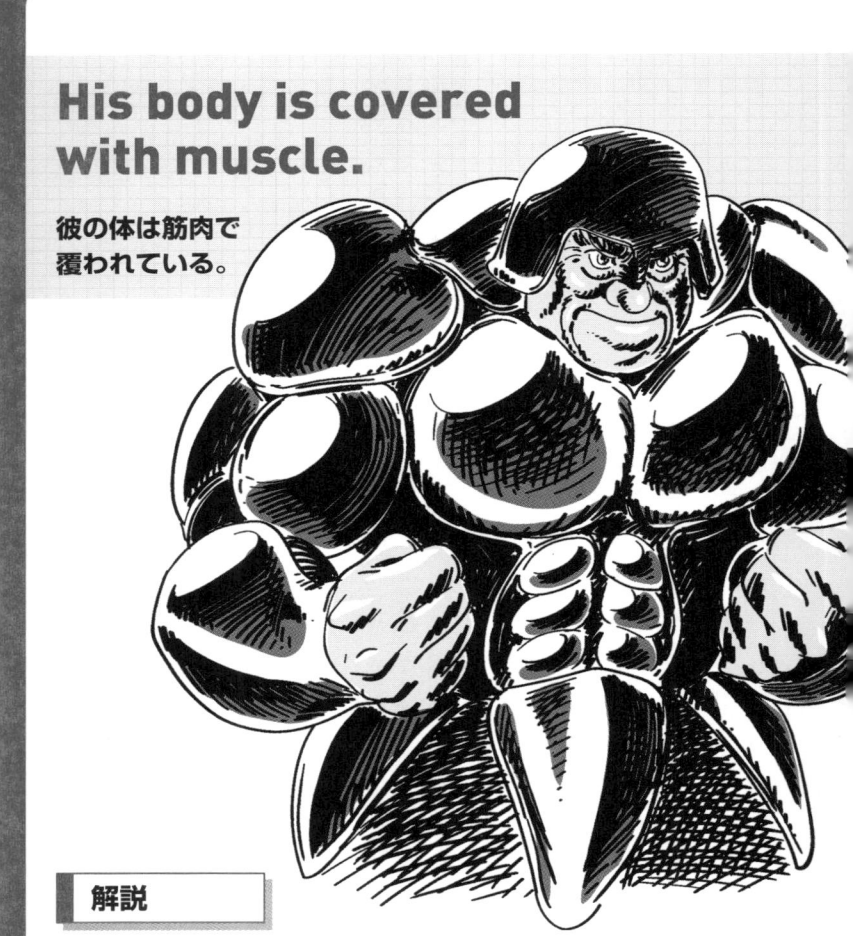

His body is covered with muscle.

彼の体は筋肉で
覆われている。

解説

　受動態とは、今までの「誰が何々する」（能動態）とは逆、つまり**「誰が何々される」**というものだ。

　ルールは**「主語＋ be動詞＋動詞の過去分詞形」**。左の例文のように「彼の体は筋肉で覆われている」と言うときは **His body is**

<u>**covered**</u> with muscle. となる。

　ここで使う過去分詞形とは、一般動詞の末尾に ed をつけた過去形と同じ場合がほとんどだが、take-took-taken などと不規則に形が変わる「不規則変化動詞」もある。会話でよく使うものは、P54を見てほしい。

　また、文末に前置詞 by ～（～によって）を入れると行為者を特定できる。**Your protein shaker is taken by your friend.**（君のプロテインシェーカーは君の友達によって持っていかれた）のように使われるが、実際にはそこまで言及しないケースがほとんどだ。むしろ by以外の前置詞を使う受動態など、よく使う受動態を覚えておいたほうが役に立つ。

　by以外の前置詞を使うもので代表的なのは、be covered with ～（～で覆われている）／ be interested in ～（～に興味がある）／ be made from(of) ～（～［原料・材料］で作られている）／ be surprised at ～（～に驚く）などだ。その他、I'm excited.（興奮している）や I'm exhausted.（すごく疲れている）などもよく言う。excite は「興奮させる」、exhaust は「疲れ果てさせる」という意味だから、今、挙げた例文は、厳密に訳せば「私は興奮させられています」「私は疲れ果てさせられている」という受動態なのだ。

ビジネス英語

The entire★ office is filled with★ full of energy.
オフィス全体がすごいやる気で満ち溢れている。

＊受動態とは

① 「〜される」

② 「〜された」

という意味の文

＊作り方は「主語＋ be動詞＋動詞の過去分詞形」

主な動詞の過去分詞形一覧	
原形	過去分詞形
be（〜だ）	been
buy（買う）	bought
come（来る）	come
do（する）	done
drink（飲む）	drunk
eat（食べる）	eaten
give（与える）	given
go（行く）	gone
have（持つ）	had
pay（支払う）	paid
say（言う）	said
sleep（寝る）	slept
see（見る）	seen
speak（話す）	spoken
take（取る）	taken
think（考える）	thought
write（書く）	written

　中学校で受動態を習ったとき、ひたすら「能動態→受動態」の変換をさせられた覚えのある人も多いと思うが、筋トレ同様、意味のないトレーニングは徒労でしかない。「能動態→受動態」の変換なんて、その最たるものだ。

　受動態は、作り方のルールを頭に入れたら、慣用表現から覚えてしまったほうが手っ取り早い。

　by以外の前置詞を使う慣用表現、その他の慣用表現は先ほども挙げたが、もう１つ、ここで紹介しておきたいものがある。

　それは「群動詞」——「前置詞とセットにして使う動詞」だ。いや、「セット」なんて生易しいものではなく、「前置詞が動詞の一部になっている」といったほうがいいだろう。代表的なものは、
speak to ～（～と話をする）／「look for ～」（～を探す）／「hear from ～」（～から連絡をもらう）／ laugh at ～（～を笑う）など。

　わかりやすいように、まず能動態から見てみよう。

　たとえば「友だちは私を笑った」だと My friends laughed at me. となる。ここで使った群動詞 laugh at を受動態にすると、どうなるか。at は laugh にピタッ！　とくっついて離れない。だから、I was laughed at by my friends.（私は友だちに笑われた）となる。at by となるのが変に思えるかもしれないが、受動態だと、at の対象である「私」を主語として文頭に置くから、このように前置詞が２つ続くことになるのだ。

筋トレ英語 part1

　筋トレ好きな皆のために特別枠を用意したぞ！　第1弾は筋トレ
単語集だ！　やってみて初めて気付いたが、ほとんどそのまんま
だ！（笑）　筋トレは英語の勉強にもなるということが証明されて
しまったな……。日常会話ではまったく役に立たない単語ばかりだ
が、筋トレ好きの外国人上司や取引先がいたら一目置かれること間
違いなしだぞ！　はりきって覚えてくれ！

筋トレ	lift weights
運動する	workout
有酸素運動	cardio
鍛える	train
強い	strong
弱い	weak
ダンベル	dumbbell
バーベル	barbell
パワーラック	power rack squat rack
トレッドミル	treadmill running machine
エアロバイク	stationary bike

スクワット	squat
レッグプレス	leg press
デッドリフト	deadlift
ラットプルダウン	lat pull down
懸垂	pull up
ベンチプレス	bench bench press
腕立て伏せ	push up
ショルダープレス	shoulder press
サイドレイズ	side lateral raise
カール	curl
トライセプスプッシュダウン	triceps push down
腹筋	sit up
クランチ	crunch
プランク	plank

Chapter 3

時制・助動詞・疑問詞

第3章ではまずはじめに「時制」を勉強するぞ。

次に動詞を助ける「助動詞」、

最後に人に何かを尋ねるための表現

「疑問詞」を勉強する。

さっきの章がビッグ3なら

ここはダンベルフライやショルダープレスなどの

補助種目だと思ってくれ！

I lift weights every day.

私は毎日筋トレをする。

解説

　英語は非常にはっきりした言語だ。そこで重要視されるのは「主語」と「時制」。つまり、**「誰が」「いつ」をはっきりさせなくてはならない。**

　前章では、英語は必ず「主語＋動詞」から成るということをみっ

ちりマスターした。be動詞だろうが一般動詞だろうが、能動態だろうが受動態だろうが、この基礎は変わらない。筋肉をつけるには「筋トレ＋食事・睡眠」が必須、というくらい不動のルールなのだ。

そして、これから見ていく「時制」とは、そんな不動のルール「主語＋動詞」の「動詞」に、よりフォーカスした話だ。その動詞はいったい「いつ」のものなのか——これを常に意識し、はっきりさせることで英語への理解度は格段に高まる。

では、さっそく「現在形」から見ていくぞ。**現在形では動詞をそのまま使うのが基本**。ポイントは、基本的に**「習慣」「状態」を表わす**ということだ。たとえば「私は毎日筋トレをする」は、見たまんま毎日の「習慣」だから、現在形で I **lift** weights every day. となる。

また、「私はかっこいいスウェットパンツを持っている」は「『もっている』という状態」だから、やはり現在形で I **have** a cool sweat pants. となる。

このように、現在形は「現在」といっても「今現在、起こっている最中」を表すのではないと覚えておこう。

ビジネス英語

She works every Saturday.
彼女は毎週土曜日仕事している。

I am lifting weights right now.

私は今、筋トレをしている。

解説

　現在形は「今現在、起こっている最中」のことではない。では「今現在、起こっている最中」のことは、どう表現するのか？　ここで登場するのが「現在進行形」である。

　現在進行形の作り方は**「主語＋be動詞＋一般動詞ing」**だ。「〜

している」と言いたいときは、すべてこの形で事足りる。だが、ここで１つ注意だ。

　日本語では「毎朝、ジョギングしている」「かっこいいスウェットパンツを持っている」などと、「習慣」「状態」を表すときにも「〜している」と言うことがある。そのまま英語に変換しようとすると、「〜している」＝「be動詞＋一般動詞 ing」という発想で間違えかねない。現在形と現在進行形で混乱する日本人が意外と多いのは、このせいなのかもしれないな……。

　そこで見分けるポイントを伝授しよう。「習慣」「状態」は「過去も現在も、そしておそらく未来も変わらないもの」だから現在形。**一方、「今この瞬間の動き」は「いずれ終わるもの」だから現在進行形。**こう考えれば簡単だ。

　それを踏まえて、左の例文を見てみよう。「私は今、筋トレをしている」というのは、明らかに「今この瞬間の動き」であり、数十分後には終わる（いくら筋肉ムキムキな人でもせいぜい１〜２時間だ！）。だから現在進行形を使って、I **am lifting** weights right now. となるわけだ。

ビジネス英語

She is talking with the customer right now.
彼女は今そのお客様と話している。

I lifted weights yesterday.

私は昨日筋トレをした。

解説

　動詞を過去形にすれば、「過去に起こったこと」も話せるようになる。なんと、シンプルすぎて1.5行で終わってしまった。が、もう少し丁寧に説明しておこう。

　まず、動詞の過去形について。たとえば「持ち上げる」なら lift（現

在形）-lifted（過去形）という具合に、多くの動詞は末尾に ed を
つければ過去形になる。e で終わる動詞の場合は d だけをつける
（発音には関係しないが、書くときは注意したい）。さらに go（現
在形）-went（過去形）のような「不規則変化動詞」もある。

　では、過去形の否定文、疑問文はどうなるか？ 現在形の場合は
"助っ人" do を使う。これを過去形 did にすれば、過去形の否定文、
疑問文ができるのだ。しかも過去形には「三単元」（P35）が関係
ない！　だから「彼女は昨日、筋トレをしなかった」は She **did
not** lift weights yesterday. 。「あなたは昨日、筋トレをしま
したか？」は **Did** you lift weights yesterday?──ぜんぶ did
でいい。Dids とかあったら複雑すぎて流石の俺も怒って英語を一
本背負いするとこだった。なくてよかった。英語、命拾いしたな！
この勢いで過去進行形＝「〜していた」まで行くぞ。動詞を過去形
にするというルールはまったく同じ。そう、「主語＋ be動詞＋一般
動詞 ing」の be動詞を過去形 was ／ were にするだけでいいのだ。
使い分け方は、I was 〜 ing ／ You were 〜 ing ／ We were
〜 ing ／ We were 〜 ing ／ They were 〜 ing ／ He(She)
was 〜 ing ／ It was 〜 ing. と叩き込もう。

ビジネス英語

She worked all day yesterday.
彼女は昨日一日中仕事をした。（過去形）

She was working yesterday.
彼女は昨日仕事をしていた。（過去進行形）

I will go to gym and lift weights after work.

私は仕事の後でジムに行き筋トレをする。

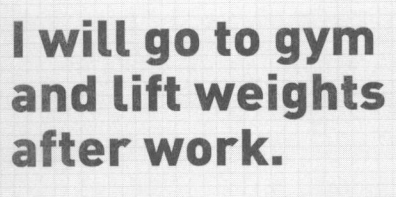

解説

「未来のこと」を話すには、2つ方法がある。「will＋一般動詞の原形」と「be動詞＋ going to ＋一般動詞」だ。

たとえば左の例文、「私は仕事の後でジムに行き筋トレをする」なら I **will go** to gym and lift weights after work. となり、「私は明日、勉強する。」なら I **am going to study** tomorrow. となる。

「この２つの使い分け方は？」と思っただろうが、正直に言おう、きわめて感覚的なのだ。強いて言えば「意志の強さ」の違いで使い分ける。「（絶対に）〜する！」「決めた！」といった「強い意志」を示すときは「will＋一般動詞の原形」を使うことが、「〜する予定だ」「〜するつもりだ」というように、それほど強い意志を示さないときは「be動詞＋ going to ＋一般動詞」を使うことが多い。

そのつもりでもう一度、左の例文を見てほしい。「仕事の後でジムに行く（と決めた！）」「明日、勉強する（予定である）」——と見るとどうだろう、違いが少しわかるのではないか。では未来の表現の否定文、疑問文を見ていこう。否定文は I will not 〜／ I am not going to 〜、疑問文は Will you 〜？／ Are you going to 〜？ だ。おいおい、１パターンしかないのかよ？ ってぐらい単純だろう？　もちろん、「be動詞＋ going to ＋一般動詞」では、主語によって be動詞は変わる。忘れてしまったのなら、P33をみっちり復習だ！

ビジネス英語

She is going to Europe to visit★ her client next week.
彼女は来週クライアントを訪ねにヨーロッパに行く。

I am going to visit my client★ before I come to office tomorrow.
私は明日、出社する前にお客さんのところへ寄っていく。

I have been lifting weights for five years.

**私はかれこれ5年間
筋トレをしている。**

解説

　現在完了形は、日本語の感覚では理解しづらく、英語習得の山場の1つといえる。だが、ベンチプレスの負荷が重たくなればなるほど燃えるトレーニーのごとく、理解する難易度が高くなればなるほど君たちは燃えてくるはずだ。ベンチプレス同様、サクッと挙げてしまおう。

　現在完了形とは、いったい何なのか。ひとことでいえば「過去から現在までの時間軸で起こっていること」を示したいときに使う。

　さっそく「は？？」となっているかもしれないが、そんなに難しくないから落ち着いて続きを読んでほしい。

　「過去から現在までの時間軸で起こっているもの」といえば、「〜し終えた」という「完了」、「ずっと〜している」という「習慣」と「〜したことがある」という「経験」だ。「完了」は、ある行動が過去から継続していて今終わったということ。「習慣」は、ある行動が継続しているということ。「経験」は、出来事は単発だが、過去から現在の時間軸で蓄積されているということだ。

　現在完了形の作り方は「主語＋ have(has)＋動詞の過去分詞形」だが、「完了」か「習慣」か「経験」かによって形が少し異なる。

　たとえば「私はたった今トレーニングを終えた」は「完了」なので、finish の過去分詞形 finished を使って I have just finished my workout. となる。そして、「私はかれこれ５年間筋トレをしている」は「習慣」だから、be の過去分詞形 been を使って I **have been** lifting weights for five years. となる。一方、「彼女はボディビルダー大会で５回、優勝したことがある」「経験」なので win の過去分詞形 won を使って She **has won** the first prize* in the bodybuilding championship 5 times. となる。

ビジネス英語

She has been working since last night.
彼女は昨夜からずっと仕事をしている。

We have finished the meeting for tomorrow's conference*.
我々は明日の会議に向けたミーティングを終えた。

＊現在形は「状態」「習慣」を表わすときに使う。

＊現在形：「主語＋動詞」

＊現在進行形は「たった今、起こっていること」を表わすときに使う。

＊現在進行形：「主語＋ be動詞＋動詞 ing」

＊過去形：「動詞＋動詞の過去形」

＊未来の表現：「主語＋ will＋動詞の原形」もしくは「主語＋ be動詞＋ going to＋一般動詞」

＊現在完了形：「主語＋ have(has)＋動詞の過去分詞形」

「現在形」「現在進行形」「過去形」「未来の表現」は、ベーシックな時制の話。「時制の肩慣らし」といったところだ。

では、ここで1つ「理解度テスト」をしてみよう。

Q.君と友だちがバス停にいるとする。時刻表を見て「バスは3時に来るよ」と言いたいとき、なんと言うだろうか？

正解は……A.**The bus comes at 3.** だ。

The bus will come at 3. などと答えた人、せっかく「未来の表現」の知恵を働かせたのに残念だが、不正解だ。

なぜ未来のことなのに現在形を使うのか？　バスが3時に来るのは「毎日のこと」、つまり「習慣」だからだ。

未来といえば、じつは「現在進行形」で未来を言い表わすこともあるぞ。たとえば「私は明日、ボストンに発つ」は未来の話だが、**I am leaving for Boston tomorrow.** と言ってもいいのだ。

また、現在形は「現在の状態」、過去形は「過去の状態」で、どちらとも「ある時間の1点」を示す。一方、現在完了形の時間軸は「期間」だから「ずっと〜している」も「何回〜したことがある」も現在完了形を使って表現する。

どうだろう？　中学校のころに混乱したまま終わっていた現在完了形を、君が理解できたなら、俺も嬉しいぞ。

こうなるとますます分からない……って？　いや、ホントその気持ち分かるわ。俺は英語がほぼ第一言語だから自然と上の表現も使うけど、改めて説明してて「なんでこんなに複雑なんだ……」ってイライラしてきたもん（笑）。まあ、無理に難しい表現使う必要ないし **I will go to Boston tomorrow** さえ言えれば問題ないから大丈夫。リスニングの時は慣れたらなんとなく文脈で分かるし、大丈夫大丈夫。細かいことは考えすぎないで。

Toru can squat 405lbs*.

**徹は 405 ポンドを
スクワットできる。**

解説

「助動詞」とは読んだまんま、動詞を助けるもの。前に登場した will も、じつは「未来の表現を可能にする助動詞」だ。では、will以外の助動詞を見ていこう。

　まず can は「〜できる」という意味だ。たとえば「徹は405ポ

★ **lbs** ポンド（1lbs＝約454グラム）
★ **sell**【sél】（動）売る
★ **product**【prɑ́dʌkt】（名）製品

ンドをスクワットできる」と言うには、can を動詞の前に入れて **Toru can squat 405lbs.** とすればいい。

　助動詞のルールは見ての通り、「主語の後ろ、動詞の前に入れる」「動詞は原形にする」の2点だ。否定文は「助動詞＋ **not** ＋動詞」、疑問文は「助動詞＋主語＋動詞」の順になる。

　また、can は「～する可能性がある」「～してもいい」といった意味合いでも使える。たとえば「明日は雨になる可能性がある」は **It can rain tomorrow.** 。「君は家に帰っていい」は **You can go home.** と言えばいい。

　さらに、「～できる」にはもう1つ言い方がある。**be able to ～** だ。これが役に立つのは、「～できる（ようになる）だろう」と言いたいときなどだ。

　助動詞を2つ並べることはできないから、たとえば「徹は405ポンドをスクワットできるようになるだろう」と言いたいとき、**Toru will can** とは言えない。そこで **be able to** を使って **Toru will be able to squat 405lbs.** と言えばいい。

ビジネス英語

Akane was able to sell★ the product★ to a customer.

茜はお客様に商品を売ることができた。

Toru may deadlift now.

徹はデッドリフトしていいよ。

解説

　次の助動詞は may──これは２つの意味合いで使えるぞ。

　１つは「～していい」と「許可」を示したいとき、もう１つは「～かもしれない」と「推量」を示したいときだ。それぞれ例文を見てみよう。

★ **workout** ワークアウト、トレーニング
★ **take a day off** （一日の）休暇をとる
★ **promote**【prəmóut】（動）促進する、宣伝する、昇進する

「徹はデッドリフトしていいよ」は、自分から徹に許可を与えている。だから Toru **may** deadlift now. となる。そして「徹はあなたより強いかもしれない」は、自分の「推量」を示している。だからこれも may を使って Toru **may** be stronger than you. となるのだ（ちなみに比較の表現はP128から解説するから、気になったら読んでみてくれ）。

　俺は昔鎖骨を骨折して3カ月以上筋トレができなかった時期があるのだが、最後の検診でドクターに You may start lifting weights now.「君は筋トレを開始してもいいよ」と言われた時は涙が出るほど嬉しかったもんだ。筋トレができない期間は、何をするにもやる気が起きず俺の人生の中でももっとも辛い時期だった。健康な君たちは何を躊躇（ちゅうちょ）しているんだ？　You may workout★ right now!

ビジネス英語

Akane may take a day off★ today.
茜は今日一日休んでいいよ。

Akane may be able to get promoted★.
茜は昇進できるかもしれない。

You must lift weights.

**あなたは筋トレしなければ
ならない。**

解説

　次の助動詞は must──これは3つの意味で使える。

　1つめは「〜しなければならない」と「義務」を示すとき。た
とえば「あなたは筋トレしなければならない」と言いたいときは、
You **must** lift weights. となる。

　2つめは「～に違いない」と「推量」を示すとき。たとえばジムの友人の体が2カ月間で激変したら、He **must** have been working out really hard.「彼はとてつもないトレーニングをしていたに違いない」なんてウワサするといい（おっと！ひょっこり「助動詞＋have＋過去分詞」が登場してしまった。P84でみっちりやるから流してくれ）。見ての通り、同じ「推量」でも確信が強い場合には may でなく must を使う。

　そして3つめ、must not と否定文にすると「～してはいけない」という「禁止」の意味合いになる。たとえば You **must not** skip* leg day.（脚のトレーニングを飛ばしてはいけない）という具合だ。ただし、かなり強く「禁止」するニュアンスになるから、使う相手には気をつけたほうがいい。

　さて、ここで1つ問題だ。「～しなければならなかった」は、どう言えばいいだろう？　じつは must には過去形がなく、まったく別の形の英文を作るのだ。それは次項で説明しよう。

ビジネス英語

You must work tomorrow.
あなたは明日働かなければならない。

You must be very confident* about tomorrow's presentation.
明日のプレゼンテーションに随分自信があるようですね。

You must not be late for tomorrow's presentation.
明日のプレゼンテーションに遅刻は厳禁ですよ。

I have to lift weights.

私は筋トレせねばならない。

解説

　前項で見た must には、もう1つ言い方がある。have(has) to 〜だ。You **must** lift weights. も You **have to** lift weights. も意味は同じ、「あなたは筋トレしなくてはならない」になる。

　そして must には過去形がないため、「〜しなければならなかっ

★ **rush**【rʌʃ】（動）急ぐ
★ **too much**　過剰に
★ **cardio**【ká ə rdioʊ】（名）心臓、有酸素運動

た」と言いたいときは、この have(has) to 〜の過去形、つまり had to 〜を使う。たとえば「あなたは昨日、筋トレしなければならなかった」なら You **had to** lift weights yesterday. だ。

　さらに have(has) to 〜 も had to 〜 も、don't(doesn't) have to 〜／didn't have to 〜というように否定形で使うこともできる。ただし、must の否定形「禁止」とは別の意味になるから要注意だ。じつは don't(doesn't) have to 〜は「〜しなくてもいい」、didn't have to 〜は「しなくてもよかった」という意味になるのだ。したがって、You **don't have to** lift weights. と言うと「あなたは筋トレしなくてもいい」、You **didn't have to** rush★ into the gym. といえば「あなたは急いでジムに行かなくてもよかった」となる。

　まとめると、マッチョになるには「筋トレしなくてはいけない」（You must lift weights.）「食べすぎてはいけない」（You must not eat too much★.）「有酸素運動はそれほど一所懸命やらなくていい」（You don't have to do cardio★ training so hard.）というわけだ。

ビジネス英語

You have to work this Saturday.
あなたは今週の土曜日働かなくてはいけない。

You had to attend a meeting this morning.
あなたは今朝ミーティングに参加せねばならなかった。

Shall we train chest?

胸を鍛えましょうか？

解説

　基本の助動詞はあと3つ。勢いに乗って一気に片付けてしまおう。

　should は、「〜すべきだ」と「義務」を示したいときに使える
助動詞だ。義務と言えば must もあったが、must は「〜しなけ
ればならない」、should は「〜すべきだ」だから、should のほ
うがやや強制力が低いニュアンスになる。

★ **spot**【spάːt】（動）補助する
★ **detail**【díːteɪl】（名）詳細
★ **attend**【əténd】（動）出席する

次は shall——日常の場面では、ほぼ疑問文でしか使わない。「～しましょうか？」と相手に申し出るときは Shall I ～? で、「～しませんか？」と相手を誘うときは Shall we ～? と言う。 Shall We Dance?（踊りませんか？）という映画をご存知の方も多いだろう。ジムでは **Shall I** spot★ you?（補助しましょうか？）、**Shall we** lift weights together?（一緒に筋トレしませんか？）という具合に使う。俺は Shall we lift? という新感覚筋トレ系ロマンティック映画が観たい。誰か作ってくれ。

そして最後、let's ～も相手を誘うときの決まり文句だ。「～しようよ」という意味だから、Shall we ～? よりぐんとカジュアルな誘い方になる。たとえば、「トレーニングしようぜ！」と誘いたいときは、**Let's** workout! と言えばいい。そして、もし誰かに Shall we ～? や Let's ～などと誘われたら、Yes, **let's!**（はい、ぜひ！）と答えよう（Yes, we shall. でも通じないことはないが let's で事足りる）。

ビジネス英語

You should do more research before you attend★ a meeting.

あなたは会議に出席する前にもう少しリサーチをしたほうがいいよ。

Shall we go over details★ before the meeting? - Yes, let's!

会議の前に詳細を確認しましょうか。 - はい、ぜひ！

Let's have a meeting!

さあ会議をしよう！

Would you spot me?

スポット（補助）
してもらえますか？

解説

　助動詞で気をつけたいのは、疑問文や過去形にすると、意味が変わる場合もある、ということだ。

　たとえば can は主に「〜できる」という意味だと説明したが、Can you 〜？ と疑問文にすると、「〜できる？」という意味に加

えて、「〜してもらえる？」という意味にもなる。Can I 〜? と聞けば「〜してもいい？」という意味になる。さらに can の過去形は could と習うが、Could you 〜? と疑問文にすると過去の意味ではなく、Can you 〜? より丁寧なお願いになる。さらにさらに、will の過去形は would と習うが、Would you 〜? と言うと、Could you 〜? と同じくらいの丁寧なお願いになるのだ。

　過去形の肯定文でも、微妙に意味が変わる場合がある。たとえば It **can** be true. は「それは本当の可能性がある」だが、It **could** be true. と言うと、よりニュアンスが弱くなる。may の過去形 might も似たようなもので、日本語だと同じ「隆史は病気かもしれない」でも、Takashi may be sick. より Takashi **might** be sick. のほうが、確信が弱いニュアンスだ。

　could、would、might——助動詞は過去形になると過去のイメージ以外にも、より弱く、あるいは、より丁寧なイメージになると覚えておくといいだろう。うん、とてもややこしい。この辺は感覚なので、無理せずに「海外ドラマを英語字幕で流し見しながら徐々につかんでいけばいいや」ぐらいの感覚で OK だ！

ビジネス英語

Would you please give me some advice?
どうかアドバイスをいただけますか？

It could be a big factor*.
それは大きな要因になり得る。

Our client might go bankrupt*.
我々のクライアントが破産するかもしれない。

He should have brought a protein powder.

**彼はプロテインを
持ってくるべきだった。**

解説

　ここまでくれば、助動詞はあとひと息だ！　最後に押さえたいのは「助動詞＋ have ＋過去分詞」だ。これで「〜すべきだった」「〜したわけがない」「〜したかもしれない」「〜したに違いない」などさらに細かい表現が可能になる。

　たとえば左の例文「彼はプロテインを持ってくるべきだった」だが、「べきだ」は should だが「べきだった」と過去形にするにはどうすればいいだろう。ここで使えるのが、「助動詞＋ have ＋過去分詞」、つまり He **should have brought** a protein powder. と言えばいい。

　では「〜したはずがない」は、どうなるか。これには can を使う。「〜したはずがない」は否定文だから cannot となり、そこに「have ＋過去分詞」を組み合わせる。なんだか複雑に見えるかもしれないが、要するに He **cannot have skipped** the workout.（彼がトレーニングをサボったわけがない）という具合だ。

「〜したかもしれない」「〜したに違いない」も基本ルールは同じ。He may（might）have 〜（彼は〜したかもしれない）、He must have 〜（彼は〜したに違いない）となる。

　そして「助動詞の後は動詞の原形」というルールは、ここでも変わらない。主語が He でも She でも It でも、should、cannot、may（might）、must の後は have になる。日本でもアメリカでもダンベル40kg は40kg なのと同じぐらいシンプルで信頼できるルールだ。

ビジネス英語

She should have apologized* to her boss.
彼女は彼女のボスに謝罪すべきだった。

She cannot have made that mistake.
彼女がそんなミスを犯すはずがない。

* can：「〜できる」「〜してもよい」
* could：「〜できた」「〜かもしれない」
* Can I 〜 ?：「〜してもいい？」
* Can you 〜 ?：「〜できる？」
* Could you 〜 ? ／ Would you 〜?：
  「〜していただけますか？」
* may：「〜していい」「〜かもしれない」
* might：「〜かもしれない」
* must：「〜しなくてはならない」「〜に違いない」
* have to 〜：「〜しなくてはならない」
* must not：「〜してはならない」
* don't(doesn't) have to 〜：「〜しなくていい」
* should：「〜するべき」
* let's 〜：「〜しよう」
* Shall I 〜 ?：「(私が) 〜しましょうか？」
* Shall we 〜 ?：「(一緒に) 〜しませんか？」
* should have 〜：「〜するべきだった」
* may(might ／ could) have：「〜だったかもしれない」
* cannot have ／ could not have 〜：
  「〜だったはずがない」
* must have 〜：「〜だったに違いない」

　複数の意味があったり、否定形になると意味が変わったりと、いろいろな使い勝手のある助動詞は一筋縄ではいかない。

　ざっと並べただけでもけっこうあるから、やっぱり、まだ混乱してしまうかもしれない。

でも大丈夫だ！

　筋トレを開始した頃は激しかった筋肉痛が筋トレを続けるうちに筋肉が刺激に慣れ弱まっていくように、何度も使い聞いているうちに自然と使いこなせるようになってくる。人間は適応する生き物だ。

　安心しろ。そのうち考えなくてもパッと適切な助動詞が思い浮かぶようになる。細かいことは気にするな。

「コイツ、さっきから細かいこと気にするなとばかり言ってるけど大丈夫か？」と思ってるそこの君！

　完璧に理解することを諦める姿勢、第二言語を学習する時はマジで大切だぞ。

　細かいこと気にしてたらまったく進まないし苦手意識がどんどん大きくなっていく。気にしないのが正解。

What is your favorite exercise?

**あなたのお気に入りの
種目（エクササイズ）はなんですか？**

解説

　1章で疑問文の作り方はマスターしたが、単なる疑問文では
「Yes ／ No」の答えしか聞き出せない。「何」「誰」「いつ」「どこ」
「なぜ」「どうやって」──こうした具体的な情報を聞き出すには、
また1つ "助っ人" が必要だ。それが、これから見ていく「疑問詞」だ。

　といっても作り方は簡単。最初に「聞き出したいことを示す疑問詞」を言い、その後に疑問文を続ければ完成だ。

　まず、「何？」を尋ねるときに使うのは what だ。たとえば「あなたのお気に入りの種目（エクササイズ）はなんですか？」と尋ねたいときは **What** is your favorite exercise? となる。ここで疑問文をちょっとおさらいしておこう。作り方は「頭に動詞！」——この例文の主語は your favorite exercise、動詞は is だから is を頭にして is your favorite exercise、このカタマリを、聞き出したいことを示す疑問詞、つまり what の後に続ければいいわけだ。

　また、「what＋名詞」という尋ね方もある。たとえば「今、何時ですか？」は **What time** is it now?。「今日は何曜日ですか？」は **What day** is it today? だ。（ちなみに、この it を正しく理解するのは、プロテインが筋肉になるプロセスを正確に理解することくらい難しい……。素直に「そういうものだ」と覚えた方が身のためだ）

　さらに、「What＋形容詞＋名詞」で感嘆文を作ることもできるぞ。たとえば「なんて重いダンベルなんだ！」は What a heavy dumbbell*! という具合だ。

ビジネス英語

What is your profession*?
あなたの職業はなんですか？

Where is my membership card?

私のメンバーシップカードは どこだ？

解説

　whatで、疑問詞を使った疑問文の作り方はつかめただろう。あとは疑問詞のレパートリーを増やすほど、聞きだせる情報の幅が広がっていく。

　では3つ一気に行こう。「誰？」を尋ねる疑問詞はwho、「いつ？」

を尋ねる疑問詞は when、「どこ？」を尋ねる疑問詞は where だ。

　文の作り方はまったく同じ。「あのスクワットラックにいる男は誰だ？」と尋ねるなら **Who** is that guy in the squat rack[*]?、「筋トレいつ始めたの？」と尋ねるなら **When** did you start working out?。そして「私のメンバーシップカードはどこだ？」と尋ねるなら **Where** is my membership card? となる。

　ほら、疑問詞も簡単だったろう。

　筋トレのライバルは昨日の自分だ。昨日より1kgでも強い負荷をかければ筋肉は成長する。英語も同じ。昨日より１つでも多く文法や単語を身につければ、君の英語力は成長する。シンプルだろう？

　しかも言っておくが、ベンチプレスの MAX を1kg伸ばすのはかなり難しいが、使える疑問詞を１つ増やすなんて楽勝だ。英語なんて筋トレに比べたらチョロいわ！ さっさとマスターしてしまえ！

ビジネス英語

Who is she?
彼女は誰ですか？

When did she start working at our company?
彼女はいつから私たちの会社で働き始めましたか？

Where is her desk?
彼女のデスクはどこですか？

Which is your favorite exercise, deadlift or squat?

どちらのエクササイズが
お気に入りですか？
デッドリフトですか、
スクワットですか？

解説

　次も一気に３つ行くぞ。「なぜ？」を尋ねる疑問詞は why、「誰の？」を尋ねる疑問詞は whose、「どちらの？（どの？）」を尋ねる疑問詞は which だ。

　たとえば「なぜ筋トレをするのですか？」と尋ねるなら **Why**

★**even**【íːvn】（副）～でさえ、～ですら
★**care**【kéə】（動）気にかかる
★**laptop**【lǽptɑ̀ːp】ノートパソコン

do you lift weights? だ。

　次は whose——たとえば「これは誰のプロテインドリンクですか？」は **Whose** protein drink is this? のように Whose ○○（誰の○○［名詞］）の語順で使うのがポイントだ。

　そして which——「○○か△△」と選択肢を示して尋ねたいときは、疑問文の後に「○○ or△△？」と並べる。「どちらのエクササイズがお気に入りですか？　デッドリフトですか、スクワットですか？」と尋ねるなら、**Which** is your favorite exercise, deadlift or squat?　だ。また、which と名詞をセットにすることで「どの○○（名詞）～？」と尋ねることもできる。たとえば「どのダンベルを使ったらいいですか？」なら Which dumbbells should I use? だ。

ビジネス英語

Why do you even★ care★? -Because I think she's very pretty...

なぜそんなことを気にするのですか - 彼女がとてもかわいいから…

Whose laptop★ is this?

このノートパソコンは誰のものですか？

Which company should we pick as our partner?

我々のパートナーとしてどちらの会社を選んだほうが良いでしょうか？

How often do you lift weights?

どれくらいの頻度で筋トレしますか？

解説

　疑問詞は、あと少し！　ラスト1回、ダンベルを上げるがごとく、もうひと踏ん張りして頭に入れてしまおう。One More Rep*だ！

　最後はhow——これ単体だと「どのように？」という意味だ。たとえば「どうやって痩せたの？」と尋ねるなら **How** did

★ **rep**　筋トレ動作をする回数
★ **budget**【bʌ́dʒət】（名）予算
★ **often**【ɑ́ːfn】（副）たびたび

you lose weight? となる。そうそう、how といえば How are you? ／ How is it going?（調子はどう？）は毎日のように使うから、パッと口から出るようにしておいてソンはない。

　また how とほかの単語をセットにすることで、聞き出せる情報の幅がぐんと広がる。たとえば「どれくらいの頻度で筋トレしますか？」と尋ねるなら **How often** do you lift weights? だ。ほかにも、How much（いくら？）、How many（いくつ？）、How many times（何回？）、How long（どれくらいの期間？）、How large ／ tall（どれくらい大きい／高い？）など、よく使うHow のセットもここで一緒に覚えてしまおう。

　さらに「how＋形容詞」にすると、what と同じような感嘆文になる。たとえば「何て素晴らしいんだ！」などと感動を表現したいときには、**How** wonderful! とひとこと言おう（感動の表情を作ることも忘れずに！）。これで気持ちは十分伝わるぞ。

ビジネス英語

How much is the budget* for this project?
このプロジェクトの予算はいくらですか？

How do I open this file?
このファイルはどう開いたら良いですか？

How often* do you communicate with your clients?
クライアントとはどれぐらいの頻度でコンタクトを取りますか？

I don't know how much he can bench.

**私は彼がどれくらい
ベンチプレスできるのか知らない。**

解説

　疑問詞で最後に覚えたいのは間接疑問文。これは「疑問詞を含む
が、最後に『？』がつかない疑問文」……といっても分かりづらい
と思うので、さっそく具体例を見ていこう。

　たとえば「私は彼がどれくらいベンチプレスできるのか知らな

い」は I don't know how much he can bench. となる。この文の「主語＋動詞」は I don't know（私は知らない）だ。では何を知らないのかというと、「彼がどれくらいベンチプレスできるのか」。ここで疑問詞が登場し、how much he can bench と続く。これが間接疑問文の型だ。

ここで重要なポイントに気づいただろうか？ 間接疑問文では疑問詞の後の文が疑問文になっていない。疑問詞を使った普通の疑問文なら How much can he bench? だが、最初に I don't know が入って間接疑問文になると、how much **he can bench** となるのだ。

このルールを踏まえて、ほかの例文も見てみよう。たとえば「なぜあなたが筋トレするのかわからない」はどうなるだろう。I don't know **why you lift weights**. だ。では「彼にどれくらいの頻度で筋トレしているか聞いた」は？ I asked him **how often he lifts weights**. だ。

ちょっとややこしくなってきたがついてこれているか？ わからなくても安心してくれ。バーベルと違って英語は君を物理的に圧し潰さない。焦らずゆっくりやっていけばいい。

He doesn't know what he's talking about.
彼は彼自身が話している内容についてまったく分かっていない。

＊疑問詞を使った疑問文の作り方は、「疑問詞＋疑問文」

＊ What：「何」

＊ What＋形容詞＋名詞！：「なんて〜な○○なんだ！」

＊ Who：「誰」

＊ When：「いつ」

＊ Where：「どこ」

＊ Why：「なぜ」

＊ Whose：「誰の」

＊ Which：「どれ」「どっち」

＊ How：「どうやって」

＊ How＋形容詞＋疑問文：「どれくらい〜」

＊ How＋形容詞！：「なんて〜なんだ」

＊間接疑問文：

　I don't know what 〜、I asked him where 〜など。

　疑問詞を使いこなすことで、Yes ／ No ではない、より具体的で、踏み込んだ情報が引き出せる。

　これを使った文がスラスラ出てくるようになると、初めて話す相手とも会話が途切れにくくなること請け合いだ。

　驚くなかれ。君はもうジムでスクワットしている素敵な人と会話をスタートするには十分な英語力を有している。あと必要なのは思い切りと勇気だけだ。

　ジムでタイプの異性に出会ったら「お名前は？」What's your name? ／「どれぐらいの頻度で筋トレしてるの？」How often do you workout? ／「誕生日いつ？」When is your birthday? ／「どこに住んでるの？」Where do you live? と会話を……おっと、ついつい思い切りと勇気を出しすぎてストーカーみたいになってしまったな（笑）。まあ、そこまで君の英語力は UP しているということだ。間違っても変な方向に思い切りと勇気を発揮するなよ！

　疑問詞を使いこなせるようになればなるほど、誰とでも会話が弾んで英語を使ってコミュニケーションをとるのが楽しくなるだろう。相手から君の欲する情報を英語を使って聞き出すことができるのだ。最高だろう。次に外国人と話すときを楽しみにしていてほしい。

筋トレ英語 part2

　さあ、日常会話ではまったく役に立たない筋トレ英語 part2だ！　今回は筋肉の名前を中心とした英単語だけでなく、筋トレ好きにはぜひ知っておいてほしい表現方法＆例文もご紹介しよう！　これだけ覚えればジムでのコミュニケーションも相当スムーズなものになるだろう！　というか、筋肉で語り合えばいいのでジムでは英語などいらない！　今すぐ本を置け！　黙って筋トレをしろ！（錯乱）

大臀筋（お尻）	glutes
大腿四頭筋（太もも前）	quads
ハムストリングス（太もも裏）	hamstrings
ふくらはぎ	calf
広背筋（背中）	lats
僧帽筋	traps
胸筋	pecs
三角筋（肩）	delts
二頭筋（力こぶ）	biceps
三頭筋（二の腕）	triceps
腹筋	abs

＊筋肉の正式名称はもう少し長いが、会話でほぼ使われることはないため省略版を紹介しているぞ。（ジムで常用されるのは省略版だ！）

Swole	ムキムキでデカい、超マッチョ
He's swole.	彼はムキムキでデカい。
Ripped	バキバキの状態。体脂肪率がほとんどない状態。
He's ripped!	彼はバキバキだ!
Bulk up	大きくなる、特に筋肉を大きくする行為
I'm bulking up.	私はバルクアップ中だ。
Cut down	減量
I'm cutting down.	私は減量中だ。
Pump	パンプ、鍛えている筋肉に血流が行き膨れ上がる様子
I love the pump.	私はパンプを愛している。
Pump up	パンプアップ、筋肉を酷使し血液を送り、筋肉を膨れ上がらせる行為
I'm pumping up right now.	私は今パンプアップしている。
Out of shape	運動に適していない状態、運動不足な状態、太った状態、だらしない体の状態
I'm out of shape.	私はだらしない体をしている。 私は運動不足な状態だ。
In shape	引き締まった状態、体脂肪率の低い状態
He's in shape.	彼はとても引き締まっている。

Testosterone 筋トレ名言集

君が人生で取り掛かる最大のプロジェクトは君自身だ。
会社にデカい仕事任されるの待ってる場合じゃねえ。
筋トレして説得力のある体と圧倒的な体力をつけろ。
勉強して語学力や教養をつけろ。
会社は変えられるが自分は変えられない。
自分の能力を高める事を怠ったら
何かあったときに身動きとれなくなるぞ。

Chapter 4

不定詞・動名詞・分詞

この章では「to不定詞」や「動名詞」、
「分詞」を扱う——
ちょっと複雑になってきたな。
英語に対する苦手意識が
復活してきた人もいるんじゃないか？
でも大丈夫だ。
挙げられなかった重量が
いつしかウォームアップとなるように、
英語とも逃げずに向かい合えば
どんどん簡単になる。
俺を信じてついてこい。

I'm dieting very hard to get lean.

**私は体を引き締めるために
とてもハードにダイエットをしている。**

I'm dieting.

解説

「to不定詞」とは、動詞の原形に to を付けたもの。こうすると、**動詞を主語や目的語として使えるようになる。**

いろいろな使い方があるのだが、まずは、シンプルなのから見ていこう。たとえば「筋トレをすることは楽しい」の「筋トレをす

★ **own**【óun】（形）自分の
★ **reason**【rí:zn】（名）理由
★ **such a thing**　そのようなこと

る（lift weights）」は動詞だが、動詞のままでは主語になれない。
そこで to をつけると「筋トレをすること」という意味になる。つ
まり **To lift weights** is fun. とすればいい。

　同様に「私はジムに行きたい」では、「したい（want）」の目的
語は「行く（go）」だが、やはり動詞のままでは目的語になれない。
だから go を to不定詞に変えて I want **to go** to the gym. とな
るわけだ。

　では「私は体を引き締めるためにとてもハードにダイエットをし
ている」はどうなるか？「とてもハードにダイエットしている」の
が「何のためか」というと「体を引き締める（get lean）ため」。
だから 動詞 get を to不定詞にして I'm dieting very hard **to
get** lean. とすればいい。

　もう１つ！「あなたと一緒にトレーニングできて嬉しい」はどう
だろう。「何がうれしいか」というと、「あなたとトレーニングする
（lift weights with you）こと」だ。だから動詞 lift を to不定詞
にして、I'm happy **to lift** weights with you. となる。

ビジネス英語

She must have her own* reason* to do such a thing*.
そんなことをした彼女なりの理由があるに違いない。

Could you teach me how to deadlift properly*?

正しいデッドリフトのやり方を
教えて頂けますか？

How?

解説

　to不定詞はいろいろな場面で使えるぞ。前項でベーシックな感
覚をつかんだところで、さらにバリエーションを見ていこう。まず
は「疑問詞＋ to不定詞」だ。

　たとえば「このマシーンの使い方を教えてもらえませんか？」と

言いたい場合。「何を教えてほしいか」というと「このマシーンをどう使うか」。そこで「疑問詞＋ to不定詞」の登場だ。「どのように？」を示す how に、動詞 use（this machine）を to不定詞にして組み合わせる。つまり Can you teach me **how to use this machine?** とすればいいのだ。

　では「痩せるために何から始めればいいのかわからない」はどうか。「何がわからないか」というと、「痩せるために」「何から始めるか」だ。「やせる（lose weight）」も「始める（start）」も動詞だから……、そう、to不定詞が２つ出てくることになる。頭がこんがらがってきたか？ スポット（補助）してやるから、もうちょいねばれ！

　前項をちゃんと読んでいれば、「痩せるために」は to lose weight*というのは、わかるだろう。では「なにから始めるか」は、どう英語にしたらいいか。「どこ？」を尋ねる疑問詞 where に、動詞 start の to不定詞を組み合わせる。すると I don't know **where to start to lose weight.** となるのだ。

Would you teach me how to log in to my account?

自分のアカウントにログインするにはどうしたらよいか教えてください
ますか？

I want my girlfriend to start lifting weights.

**私は彼女に筋トレを
始めてほしいと思っている。**

解説

　to不定詞のバリエーションその2は、「動詞＋人＋ to不定詞」だ。これがわかると、「（人）に〜してほしい」「（人）に〜するように言った」「（人）に〜するようにお願いした」などの文が作れるようになる。

　たとえば、「私は彼女に筋トレを始めてほしいと思っている」と

言いたい場合。「誰に何をしてほしいのか」というと、「彼女（my girlfriend）に」「筋トレを始める（start lifting weights）こと」だ。そこでまず I want my girlfriend という普通の「主語＋動詞＋目的語」の文を作る。その後に動詞 start を to不定詞にして続ければいい。to不定詞にすれば、動詞は目的語にもなれるという話を思い出してほしい。したがって I want my girlfriend **to start** lifting weights. となる。（ちなみにこの lifting については次項で説明するぞ！）

「私は彼女に筋トレを始めるように伝えた」も同様だ。「誰に何を伝えたか」というと「彼女（my girlfriend）に」「筋トレを始める（start lifting weights）こと」。「伝えた」は told だから I told my girlfriend **to start** lifting weights. となる。

　同様の to不定詞の使い方だと、ほかには I asked him **to be** my training partner.（私は彼に私のトレーニングパートナーになってくれるようにお願いした）、I helped her to clean the gym.（私は彼女がジムを掃除するのを手伝った）などが言える。

ビジネス英語

I asked her to be one of our project members.
私は彼女にプロジェクトメンバーの一人になってくれるように頼んだ。

＊ to不定詞は文中で主語や目的語として使える

＊ to不定詞：「to＋動詞の原形」

＊疑問詞＋ to不定詞：**how to use**（どう使うのか）／
where to start（どこから始めるのか）／
what to say（何と言うのか）など

＊動詞＋人＋ to不定詞：
「（人）に〜してほしい（**want** 人 **to**）」
「（人）に〜するように言った（**told** 人 **to**）」
「（人）に〜するようお願いした（**asked** 人 **to**）」
「（人）が〜するのを手伝った（**helped** 人 **to**）」など

　ほかにもいくつか、知っておいてほしい使い方がある。

　１つは「not＋to不定詞」だ。これは「動詞＋人＋to不定詞」の否定形であり、「〜に〜しないように言った」などと言えるようになる。たとえばI told him not to cheat.（私は彼にズルをしないように言った）という具合だ。

　そして、あと２つだけ！ 「too＋形容詞＋to不定詞」と「形容詞＋enough to 〜」——どちらも「程度」を表すが、意味は正反対だ。

「too＋形容詞＋to不定詞」は「〜すぎて…できない」という意味。たとえば、「彼は弱すぎて400ポンドを持ち上げられない」はHe is too weak to lift 400lbs. だ。一方、「形容詞＋enough to 〜」は「…するのに十分〜だ」という意味だから、「彼は400ポンドあげるのに十分強い」はHe is strong enough to lift 400lbs. だ。

　to不定詞は、動詞の使い勝手をぐんと広げてくれる頼もしいヤツだ。ちょっとややこしいところもあるが、がんばって身につけてほしい。ベンチプレスが100kg挙がると一目置かれるように、to不定詞を使いこなせれば「こ、こいつやりよる……」と思われること請け合いだ。

Losing weight is not easy.

体重を減らすことは簡単じゃない。

解説

　動名詞は、動詞に ing をつけることで、動詞を名詞化したものだ。to不定詞を名詞として使っている文では、たいてい動名詞に置き換えられるぞ。たとえば「体重を減らすことは簡単じゃない」は、**<u>Losing</u>** weight is not easy. と言っても **<u>To Lose</u>** weight is not easy. と言ってもいい。

　ただし、動名詞しか使えないケースと、動名詞を使うか to不定詞を使うかで意味が変わるケースがある。

　まず、次の動詞の後ろには、動名詞しか使えない。finish ～ing（～し終える）、enjoy ～ ing（～するのを楽しむ）などだ（P114の一覧を参照）。たとえば「私は筋トレするのを楽しむ」は I enjoy **lifting** weights. となる。

　動名詞か to不定詞かで意味が変わるのは、stop ～ ing（～するのをやめる）／ stop to ～（～するために立ち止まる）、remember* ～ ing（～したのを覚えている）／ remember to ～（～するのを覚えている）など（これも P115の一覧を参照）。たとえば I stopped **eating** protein bars. と言うと「私はプロテインバーを食べるのをやめた」という意味になり、I stopped **to eat** protein bars. と言うと「私はプロテインバーを食べるために立ち止まった」という意味になる。意味がまったく変わってくる。

　この辺のニュアンスは慣れなので、こういう時は伝家の宝刀 "アメリカの連ドラを英語字幕で観ながら徐々に慣れていく作戦" だ。

ビジネス英語

I stopped making PowerPoint slides for tomorrow's presentation*.
私は明日のプレゼンのためのパワーポイント資料を作るのをやめた。

113

* 動名詞は「動詞 ing」
* to不定詞と同様、動名詞も文中で主語や目的語として使える

動名詞しか使えない主な動詞の一覧

finish ～ing（～し終える）

deny ～ing（～しないと言う）

enjoy ～ing（～して楽しむ）

mind ～ing（～するのを気にする）

escape ～ing（～するのを逃れる）

give up ～ing（～するのをやめる）

admit ～ing（～する［した］のを認める）

miss～ing（～しそこなう）

avoid ～ing（～するのを避ける）

postpone（put of）～ing（～するのを延期する）

practice ～ing（～する練習をする）

　動名詞は、ほぼ to不定詞と同様に使えるが、反面、動名詞を使わなくてはいけないケースもある。to不定詞との使い分けも含め、とりあえず左のリストを頭に入れておけば困らないだろう。

　また、動名詞か to不定詞かで意味が変わる言葉もある。
　たとえば **stop** だ。
　stop 〜 ing：「〜するのをやめる」／ **stop to 〜**：「〜するために立ち止まる」
　他にも、**remember 〜**：「〜したのを覚えている」／ **remember to 〜**：「忘れずに〜する」や、
　forget 〜 ing：「〜したことを忘れる」／ **forget to 〜**：「〜するのを忘れる」
　といったものもある。

　いちいち覚えるのメチャメチャ面倒だろ？　こんなに沢山ルールがあると「やっぱり英語嫌い……」と思っちゃうよな。だが安心してくれ。
　正直に言おう。俺はこのへんは一切暗記していない。が、感覚で分かる。要は慣れだ。多分、君たちも海外ドラマ見たり英語で話しているうちに感覚で分かるようになってくる。だからそうビビるな。
　暗記が嫌で嫌で仕方がないなら飛ばして先に進んでしまえ。脚のトレーニングは skip しちゃいけないが、どうしても苦手意識のある部分は skip することを許可する！

I know the guy bench pressing* over there.

**私はあそこで
ベンチプレスしている男を知っている。**

解説

　to不定詞、動名詞の感覚がつかめれば、分詞も簡単にマスターできるだろう。

　分詞とは、ひとことで言えば、「〜している○○」というように、名詞に動詞を"トッピング"したいときに使うものだ。難しく聞こ

★「ベンチプレスしている」は **bench pressing** でも **benching** でも通じるが、
正確には **doing bench press** と言う
★ **toward**【tɔ́ːrd】（前）〜に向かって

えるかもしれないが、デッドリフトのフォームをマスターするより
は簡単だから安心してくれ。

まず現在分詞は「動詞 ing」——the **running** dog（走っ
ている犬）というふうに名詞の前に置いてもいいし、the dog
running in the park（公園で走っている犬）というふうに、名
詞につけるトッピングが長いときなどは名詞の後に置いてもいい。

では、そんな現在分詞を文中に入れると、どうなるか。たとえ
ば「私はあそこでベンチプレスしている男を知っている」と言いた
い場合、「あそこでベンチプレスしている男」が分詞の使いどころ。
「男（the guy）」に「あそこでベンチプレスする（**bench press
over there**）」をトッピング！　動詞 press を現在分詞にして I
know the guy bench **pressing** over there. と言えばいい。

では「私は健司が角のところでストレッチしているのを見た」は
どうなるか？　そう、「ストレッチしている（stretching）」を「健
司（Kenji）」にトッピングして、I saw Kenji **stretching** at
the corner. だ。

ビジネス英語

I saw him walking towards★ our office.
私は彼が我々のオフィスに向かって歩いているのを見た。

Please fix*
the broken machine
as soon as possible*.

**あの壊れているマシーンを
できる限り早く
直してください。**

OUT OF
ORDER

解説

　過去分詞も、名詞に動詞を"トッピング"したいときに使えるものだ。では現在分詞と何が違うかというと、現在分詞だと「〜している○○」になる一方、過去分詞は「〜された○○」になるという点だ。

★ **fix**【ﬁks】（動）直す
★ **as soon as possible** できる限り早く（**asap** と略される）
★ **get rid of** 取り除く、処分する

　過去分詞は、動詞の過去分詞形をそのまま名詞につけて、**the broken** chair（壊された［壊れた］椅子）というふうに使う。そして現在分詞と同様、トッピングが長いときなどは **the chair broken by him**（彼に壊された椅子）というふうに名詞の後ろに過去分詞を置いてもいい。

　では、過去分詞も文中に入れてみよう。たとえば「あの壊れているマシーンをできる限り早く直してください」と言いたいときは、「壊れているマシーン」が過去分詞の使いどころ。日本語だと「壊れている」でも、「壊された状態のマシーン」ということだから、過去分詞を使って Please fix the **broken** machine as soon as possible. となる。背中のトレーニングの日にお気に入りのラットプルダウンのマシーンが壊れているときなんかに使うんだ。覚えておかないと死活問題だぞ！　ラットプルダウンできなかったら悲しいぞ！

ビジネス英語

Get rid of* all the broken parts.
壊れた部品を全て取り除いてください。

＊分詞は名詞に動詞を"トッピング"するときに使う

＊現在分詞：「動詞 ing」を名詞にトッピング

＊「現在分詞＋名詞」＝「〜している○○」

＊過去分詞：「動詞の過去分詞形」を名詞にトッピング

＊「過去分詞＋名詞」＝「〜された○○」

＊現在分詞も過去分詞も、長いときなどは名詞の後ろに置いてもいい

　さて、to不定詞、動名詞、そして現在分詞と過去分詞を見てきて、どうだろう。

　動詞は、普通は「主語の動き」を示すものだが、そのつど形を変えてやることで様々な表現を可能にしてくれる便利なヤツというのが分かっていただけただろうか？

　あるときは「主語の動き」を示し、あるときは名詞化されて「主語」や「目的語」になり、あるときは「名詞のトッピング」にもなる——まさに動詞は変幻自在なのだ。

　動詞とお友達になれたら英語への理解度はぐんと高まり、英語がどんどん楽しくなるぞ。ダンベルが君を裏切らないのと同様、動詞も君を絶対に裏切らない。職を失おうと、資産を失おうと、彼女にフラれようと、誰も君の脳みそから英語で動詞を使いこなすノウハウは奪えない。

　これぞ、真に価値のある資産だ。

　自己投資だと思って、ガンガン動詞の使い方をマスターしろ！

筋トレ英語 part3

　日常会話ではまったく役に立たない筋トレ英語もついに part3 だ！　日常会話ではまったく必要ないが、ジムライフでは必須のフレーズを中心に紹介するぞ！　ジムライフの安定は精神の安定、精神の安定はパフォーマンスの安定、パフォーマンスが安定すれば会社でも昇進間違いなしだ！　やったな！

このジムに入会したいのですが。
I'd like to sign up for gym membership.

会費はいくらですか?
How much are the membership fees?

更衣室はどこですか?
Where is a locker room?

スクワット20回を3セットやってください。
Please squat 3 sets of 20 reps.

いい体をしていますね。
You've got a nice body.

このマシンを使い終わりましたか?
Are you done with this machine?

一緒に使ってもいいですか？
（ダンベルや機材を使っている人に対して）

Can I jump in?

補助してもらえますか？（挙がるかわからない<u>重量</u>を扱う時に）

Can you spot me?

このベンチを使ってもいいですか？

May I use this bench?

ベンチプレスどれぐらいあがる？

How much do you bench?

* bench と言えば普通は座る「ベンチ」を示す名詞だが、ジムでは「ベンチプレスを挙げる」
  という動詞にもなるのだ！

このマシンの使い方を教えていただけませんか？

Could you please show me how to use this machine?

初めて見る顔だね。 - 昨日入会しました。

Are you new here?
Yes, I just signed up yesterday.

どんなトレーニングをすれば、
そんな腕を手に入れられるのですか。

**What type of training do you do to get
such a huge arm?**

じゃあまたね!
Later guys!

Testosterone 筋トレ名言集

アドバイス求められるのは歓迎だし応援してあげたいけど、
「英語話せるようになりたい！（単語は暗記したくない）」
「痩せたい！（食事制限や筋トレはしたくない）」
「成功したい！
（留学とか大学院とか大それた事する気はない）」
みたいなのが多過ぎる。
価値のあるものは簡単には手に入らんよ。

Chapter 5

比較・接続詞・関係代名詞

この章では「比較」「接続詞」
「関係代名詞」を中心に学んでいく。
これらを覚えることにより、
比べたり、2つの文を繋いだり、
さらに複雑な文章を構成することが可能となる。
いよいよレベルが上がってきたが、
ここまでついて来てくれた君なら大丈夫だ。
この章もサクッと攻略していこう。

Kyoko can squat much heavier than* Satoshi.

京子はサトシよりもはるかに
重たい重量でスクワットができる。

解説

　本章でまず覚えたいのは「比較表現」――これがわかると、形容詞を使って「勝ち」「優勝」「引き分け」「負け」の表現ができるようになる。

　「勝ち」は「より～だ」という表現法。形容詞を「比較級」に変え、

★ than 【ðən】（接）～よりも
★ difficult 【dífɪkəlt】（形）難しい
★ cheap 【tʃíːp】（形）安い

比べる対象の前に than をつければ完成だ。

　比較級の作り方は shorter （より短い）、longer （より長い）というふうに形容詞の末尾に er をつけるか、more beautiful （より美しい）、more difficult★（より難しい）というふうに前に more をつける。この違いは「短い形容詞は末尾に er、長い形容詞は前に more」と覚えておけばいいが、いくつか例外もある（よく使うものは P132参照）。

　では文中で比較級を使ってみよう。「彼女はサトシより強い」と言うなら She is <u>**stronger than**</u> Satoshi. となり、「このメソッドは、あのメソッドより難しい」は This method is <u>**more difficult than**</u> that method. だ。

　また、比較級の前に much を置くと「○○より、はるかに～だ」と「勝ち」を強調することもできるぞ。たとえば「京子はサトシよりもはるかに重たい重量でスクワットができる」と言うなら Kyoko can squat <u>**much heavier than**</u> Satoshi. だ。

ビジネス英語

Their price is cheaper★ than our price.
彼らの価格は我々の価格よりも安い。

Our product is more beautiful than their product.
我々の商品は彼らの商品よりも美しい。

He is the strongest man in the gym.

彼がジムで一番強い男だ。

解説

　形容詞を「最上級」に変えると「優勝」、つまり「もっとも〜だ」という表現ができる。

　最上級の作り方は the shortest（もっとも短い）、the longest（もっとも長い）というふうに形容詞の前に the を置き、

末尾に est をつける。もしくは the most* beautiful（もっとも美しい）、the most difficult（もっとも難しい）というふうに前に the most をつける。

　比較級と同様、「短い形容詞は前に the を置いて末尾に est、長い形容詞は前に the most」と覚えておけばいいが、やはり例外的に、不規則に変化するものもある（よく使うものは P132参照）。

　たとえば「彼はオフィスでもっともマッチョだ」は He is **the most muscular** in the office. だ。さらに「彼はこのジムで一番のボディビルダーだ」と言うなら He is **the best** bodybuilder in this gym. となり、「彼はこのジムでもっとも上手に教えることができる」と言うなら、He can teach **the best** in this gym. となる。

　ここで 1 つ気づいたことはないか？　そう、**比較表現を名詞や形容詞にかけるか、動詞にかけるかで、語順が変わるのだ。**The most muscular は形容詞、bodybuilder は名詞だから比較表現は前に来ている。一方、動詞にかけるときは teach the best というように、比較表現は後に来る。このルールは最上級だけでなく、前項で見た比較級でも同様だ。

ビジネス英語

He is the best salesman in our company.
彼が我々の会社でもっとも優秀なセールスマンだ。

Satoshi weighs* less* than Kyoko.

聡志は京子よりも軽い。

解説

「勝ち」「優勝」ときたら、あとは「引き分け」と「負け」の表現だ。簡単だから2つ一気に行くぞ。これで比較表現はおしまいだ！

「引き分け」は「○○と同じくらい〜だ」という表現法。これは「as 形容詞 as ○○」という形で表す。たとえば「彼女はサトシと同じ

ぐらい強い」と言うなら She is **as strong as** Satoshi. だ。

　では「負け」はどうしたらいいかいうと、less を使って表現する。たとえば「聡志は京子よりも軽い」は Satoshi weights **less than** Kyoko. となる。

　日本では細い男性がモテるが、海外、特に筋トレコミュニティーでは体重が重くてガタイが良いほうが断然モテる。「女の子より体重が軽いなんて情けないわ」って思われちゃう可能性があるのだ。
　英語をマスターして外国人とお付き合いしたいと思ってる人がいたら、英語の勉強もいいけど筋トレもな！　筋トレは脳の働きを活性化してくれるから、相乗効果抜群だ！

ビジネス英語

She is as good as our top salesman.
彼女は我々のトップセールスマンと同じぐらい凄い。

Her sales record is less than his.
彼女の営業成績は彼に劣る。

＊勝ち（比較級）:

　形容詞 er（もしくは more 形容詞）＋ than ～

＊ much＋比較級：比較級の強調「はるかに、より～」

　　much は far ／ by far ／ even ／ still にも置き換えら
れる

＊優勝（最上級）:

　the 形容詞 est（もしくは the most 形容詞）

＊引き分け：as 形容詞 as ～

＊負け：less than ～

> **不規則に変化する比較級と最上級**
>
> 　「いい」：good-better-best
>
> 　「悪い」：bad-worse-worst
>
> 　「少し」：little-less-least

　日常の英会話で多用されるのは勿論のこと、競争が大好きなアメリカでは特に、これらの表現は日常的にバンバン使われる。

　ということで、比較表現のおさらいだ。

　ここでもう少し触れておきたいのは、「勝ち」の表現のとき、than の後をどうするか、だ。基本的に、主語の形にそろえるのだが、重複するところは省略していい。

　たとえば「私は彼より強い」は I am stronger than he. 、「私は彼より重い重量を上げられる」は I can lift heavier than he. だ。どちらも than he になっているのは、前者では be動詞 is、後者では助動詞 can を省略してあるからだ。すでに最初の主語に be動詞も助動詞もついているから、省略してもいいというわけだ。

　では「私の体は彼の体よりずっと引き締まっている」はなんと言ったらいいだろう。My body is leaner than his. が正しい。なぜなら、比べているのが「私の体」と「彼の体」だから。この場合も than の後は his body を1語で言い換えた his でいい。body を省略したと思ってもらえばいい。

I can go to the gym or hang out* with my colleagues*.

**私はジムに行くか、
同僚と遊びに出かけることができる。**

解説

　さて、今回のテーマは接続詞だ。接続詞は２つの文を繋いでくれる便利な存在だ。

　まずは次の３つを一気に頭に入れてほしい。「**but**＝しかし」「**and**＝そして」「**or**＝または」——では、例文を見ていこう。短い文が

★ **hang out** 遊ぶ、戯れる
★ **colleagues**【káli:g】（名）同僚
★ **reward**【riwɔ́:rd】（動）〜に報いる

２つ続けて並んでいるだけだと意識し、前後の文の "接続ポイント" のみに注目すれば簡単だ。

たとえば「私はとても疲れているが、仕事終わりにジムに行く」は「疲れている、しかしジムに行く」ということだから but で接続して I'm very tired, **but** I will go to the gym after work. となる。

では「私は仕事終わりにジムに行ってから家に帰る」はどうか？ I will go to the gym after work **and** go home. だ。

同様の考え方で、「私はジムに行くか、同僚と遊びに出かけることができる」は I can go to the gym **or** hang out with my colleagues. となる。

ビジネス英語

I'd like to go home, but I have to work overtime tonight.

家に帰りたいが、今夜は残業しなければならない。

I'm going to eat sushi and steak to reward* myself.

私は自分を労うためにお寿司とステーキを食べる。

I can work overtime tonight or come to work early tomorrow morning.

私は今夜残業をするか、明日の朝早く仕事に来ることができる。

135

I want to get a six pack*, so I decided to go to a gym.

私は6つに割れた腹筋が欲しいので、ジムに行くことにした。

解説

　ここでマスターする接続詞は「so＝だから」「because＝なぜなら」だ。これで「〜だから〜」、「なぜなら〜だから」という「理由」「原因」をつなげられるようになり、理論的な会話の展開が可能となる。

★ **six pack**　６つに割れた腹筋
★ **skinny**【skíni】（形）痩せている、骨と皮の
★ **plan to**　〜するつもりだ

　たとえば「私は６つに割れた腹筋が欲しいので、ジムに行くことにした」は、「６つに割れた腹筋が欲しい、だからジムに行くことにした」ということだから、so で接続して I want to get a six pack, **so** I decided to go to a gym. となる。

　では「彼の脚が細いのは、彼が脚のトレーニングを避けるからだ」はどう言ったらいいか？「彼の脚は細い、なぜなら脚のトレーニングを避けるから」ということだから because で接続して His legs are skinny*, **because** he skips leg day. となる。ちなみに because の場合は前後の文を入れ替えて、**Because** he skips leg day, his legs are skinny. と言ってもいい。

ビジネス英語

I don't like this job, so I plan to* get a new job.
私はこの仕事が嫌いなので、転職する予定だ。

I plan to get a new job, because I do not like this job.
私は転職する予定だ。なぜならこの仕事が嫌いだから。

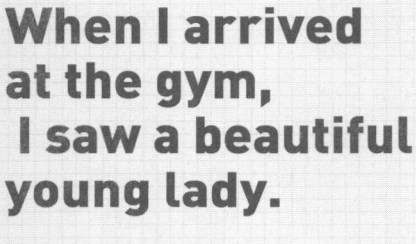

When I arrived at the gym, I saw a beautiful young lady.

私がジムに着いたとき、
私は美しく若い女性を見かけた。

解説

　when は疑問詞の項でも登場したが、ここでは担う役割が違うということに注意しよう。接続詞としての when は、「〜するときに」「〜したときに」という「条件」を与えたいときに使うのだ。

　たとえば「私がジムに着いたとき、私は美しく若い女性を見かけ

た」は、「美しく若い女性を見た」という事実に、「ジムに着いたとき」という条件を与えている。だから **when** を使って When I arrived* at the gym, I saw a beautiful young lady. となる。ちなみに前後の文を入れ替えて I saw a beautiful young lady **when** I arrived at the gym. と言ってもいいぞ。

また、「マシーンの準備ができたら言いますね」は I'll tell you **when** the machine gets ready*. だが、ここで１つ気づいてほしい。最初の例文は when の後が過去形なのに、２つめの例文は when の後が現在形になっている。そう、接続詞 when の後に続く「条件」が過去のことならば過去形にするが、未来のことならば現在形にするのだ。

「〜するときに」という条件は、話している時点では「未確定のこと」だ。だから、時制の制約を受けずに現在形になる、と考えればすんなり覚えられるだろう。

ビジネス英語

Please let me know when you are ready.
準備ができたらお知らせください。

I'll spot you
if you need a spot.

もし補助が必要ならしましょうか？

解説

　if は「もし〜するなら」という意味だ。「条件」を与えるという意味では when と似たような役割を果たす。作り方のルールも when と同じで、if の後に続く「未来の条件」は現在形となる。たとえば「もし補助が必要ならしましょうか？」なら I'll spot you **if** you need a spot. だ。

　ところが if の使い道は「条件」だけではない。たとえば、「私は彼女に明日ジムにいくつもりかどうか尋ねるつもりだ」と言いたいときは、I will ask my girlfriend **if** she will go to the gym tomorrow. といった使い方もするのだ。これは if に続く文を「動詞の目的語（名詞）」とする方法だ。「彼女がジムに行くつもりかどうか（if she will go to the gym）」が、「尋ねる（ask）」の目的語になっているわけだ。どうだろう、わかるか？

　そしてこの「目的語用法」のときは、if に続く文は時制に縛られる。たとえば「昨日、私は彼女にジムに行くつもりかどうか尋ねた」と言うときは I asked my girlfriend if she would go to the gym yesterday. だ。「尋ねた」のが過去のことだから、if の後ろも「過去の時点での未来」というわけで will の過去形 would を使うのだ。

　ちなみに、この用法では if の代わりに whether* と言うこともある。「私は彼女が明日ジムにいくつもりかどうか尋ねるつもりだ」と言いたいときは、I will ask my girlfriend whether she will go to the gym tomorrow or not. となる。

ビジネス英語

Please let us know if you have any questions.
何か質問があれば何なりとお知らせください。

If I were muscular, I could ask her out*.

もし私がマッチョだったら、彼女をデートに誘えるのに。

解説

　if の使い道を2つマスターしたところで、もう1つ、重要度は下がるが、知っておいてほしい使い道がある。

　仮定法――「もし〜だったら、〜できるのに」といった表現法だ。たとえば「もし私がマッチョだったら、彼女をデートに誘えるのに」

と言うなら、If I were muscular, I could ask her out★. となる。

　今の例文、接続している2つの文が、両方とも過去形になっていることに気づいただろうか？　これは「現在のもしも話」だが、日本語でも「〜だったら」と過去形を使うように、英語でも過去形になる。そして、その過去形に影響されて、if に続く文も過去形になるのだ。

　この仮定法は、「過去のもしも話だとどうなるか？」などと深堀りするほど、時制が複雑になる。ただし、そんな複雑な英語、日常会話で使うことなんてほとんどない。ひとまず「if には仮定法という使い方もあるんだな」ということで、今見たような「現在のもしも話（つまり、現在の事実に対する仮定）」の言い方だけ覚えておこう。

ビジネス英語

If I were a CEO, I would not have made that decision★.
私が CEO だったらあんな決断は下さなかっただろう。

If I were you, I would never turn down that job.
私が君だったらあの仕事を絶対に断ったりしない。

He thinks that he is the strongest person in the gym.

**彼は彼自身がジムの中で
一番強い人物だと思っている。**

解説

　接続詞の最後は that。ここで思い出してほしいのは、動詞の「目的語（名詞）」になる if の使い道だ（P141参照）。「〜かどうか」といった意味になる、あの使い方……どうだ、思い出したか？　では話を進めるぞ。

意味は異なるが、that 〜も動詞の目的語として使える。

たとえば「彼は彼自身がジムの中で一番強い人物だと思っている」と言いたい場合。動詞「思っている（think）」の目的語は「彼がジムの中で一番強い人物だ（he is the strongest person in the gym）」という1文だと見て取れるだろう。そこで使えるのが that だ。その前に that を置くと、この1文を、動詞を受け止める目的語にできる（名詞化できる）のだ。

したがって「彼は彼がジムの中で一番強い人物だと思っている」は He thinks **that** he is the strongest person in the gym. となる。ちなみに、この用法に慣れてきたら that は省いてもかまわない。

He thinks that he will get promoted soon.

彼は彼がもうすぐ昇進できると思っている。

I think that our CEO really likes me.

我が社の CEO は私のことを凄く気に入っていると思う。

＊接続詞とは、２つ以上の文をつなぐもの

＊… and ～：「…そして～」

＊… but ～：「…しかし～」

＊… or ～：「…または～」

＊… so ～…：「…だから～」

＊… because ～：「…なぜなら～」
　Because ～ , …としても OK

＊… when ～（現在形）：「～するときに…」

＊… when ～（過去形）：「～したときに…」
　When ～ , …としても OK

＊… if ～：「もし～するなら…」

＊ if …／ weather …：「…かどうか」

＊ if …（過去形）：「もし…だったなら」（もしも話）

＊… that ～：I think that ～（私は～だと思う）など、ひ
　とまとまりの文を動詞の目的語にする

　文と文の関係性が「そして」なのか「しかし」なのか「または」なのか？

　あるいは物事の「理由」を示したいのか、物事に「条件」を与えたいのか？

　こうした点をはっきりさせる接続詞ワザが身につけば、多少、込み入った話でも、ちゃんとロジカルに話せるようになるぞ。

　言いたいことを伝えるために、まず何を言い、どんな接続詞でつなぎ、どこに話に着地させるか。

　スマートに筋トレのメニューを組み立て、こなしていくがごとく、スマートにロジックを組み立て、英語を話していこう。

You have to find a dumbbell which you can barely* handle.

**あなたはあなたが
ギリギリ扱える重量のダンベルを
見つけなければいけない。**

解説

　関係代名詞は「名詞を文で飾るときに使うもの」と考えればいい。「飾られる名詞」と「飾る文」の関係性によって、使う関係代名詞が異なる。

　まず覚えたいのは who と which。これらは、「飾られる名詞」が、

★ **barely**【béərli】（副）ギリギリ
★ **treadmill** トレッドミル、ランニングマシーン
★ **suitable**【súːtəbl】（形）ふさわしい

飾る文の「主語」である場合に使える。

　たとえば「私はあのランニングマシーンで走っている女性が好きです」と言いたいとしよう。この中で飾られる名詞は「あの女性（that lady）」、飾る文は「ランニングマシーンで走っている（is running on a treadmill*）」だ。「あの女性」が「ランニングマシーンで走っている」わけだから、飾られる名詞は、飾る文の主語に当たる。しかも飾られる名詞が「人」だから who を使う。したがって I like that lady **who** is running on a treadmill.　となるのだ。

　では「私は自分にぴったりのジャケットを探している」はどうか。飾られる名詞は「ジャケット（jacket）」、飾る文は「自分（私）にピッタリな（is suitable* for me）」だ。「ジャケット」が「自分にぴったり」なのだから、やはり飾られる名詞は、飾る文の主語に当たるが、物や動物には which を使う（ペットは「人」として扱い、who を使うこともある）。すなわち I'm looking for a jacket **which is suitable for me.** となるわけだ。

You have to talk to the guy who is wearing a blue coat, he's the key person.

あなたはブルーのコートを着た男に話しかけなければならない、彼がキーパーソンだ。

Men love women whose booty is extremely* sexy.

**男はお尻が究極に
セクシーな女性が好きです。**

解説

　関係代名詞は、飾られる名詞と飾る文の関係性によって使い分ける。前項の who と which で何となく感覚はつかめただろうか。あとはレパートリーを増やしていくだけだ。

　飾る文が、飾られる名詞の「持ち物」である場合は、whose

★ **extremely** 【ekstríːmli】（副）究極に、極めて
★ **tone** 【tóʊn】（動）調整する、引き締まった
★ **outfit** 【áʊtfit】（名）衣服

を使う。たとえば「私は、上腕が引き締まった女性が好きだ」と言いたいとき、「上腕（arms）」は「女性」の持ち物だ。だからwhoseを使ってI like women whose arms are toned★. となる。

では「私は耳の長い私の犬と一緒に毎朝、走っている」はどうなるだろう。「持ち物」である場合は、人と物（動物）とにかかわらずwhoseが使える。つまり、「耳」は「私の犬」のものなので、my dog whose earsとなる。

したがってI jog every morning with my dog whose ears are very long. だ。

日本ではおっぱいフェチが多いようだが、海外ではお尻フェチが圧倒的マジョリティーだ。世界ではお尻が大人気、これは非常に喜ぶべき事実だ。おっぱいを努力で変えようと思っても限界があるが、お尻は努力（スクワットやヒップランジ）により、いかようにも美しくできる。俺は、英語よりも断然お尻が好きだ！　よろしく頼む！

ビジネス英語

The lady whose outfit★ is very gorgeous is my boss.

とてもゴージャスな服装のあの女性が私の上司だ。

The treadmill which she is using is very expensive.

**彼女が使っている
ランニングマシーンは
とても高価だ。**

解説

　関係代名詞はこれで最後！　あと少しがんばってくれ。

　飾られる名詞が、飾る文の「目的語」となっている場合は
who(m) ／ which ／ that を使う。飾られる名詞が人であれば
who(m)、物であれば which で、that は何にでも使える。英語

のテストでは使い分ける必要があるが、日常では全部 that で済ませればいい。理解できなくても英語を話す分には全然問題ないぞ。

それを踏まえて「彼女が使っているランニングマシーンはとても新しい」を見てみよう。飾られる名詞「ランニングマシーン（treadmill）」は、飾る内容「彼女が使っている（she is using）」の目的語だ。物だから which を使って The treadmill **which** she is using is very new. となる。

では「あなたが継続できる食事プランを見つけなさい」はどうなるか。「食事プラン（a diet plan）」は「あなたが継続できる（you can stick* with）」の目的語だ。ここでは that を使ってみよう。Find a diet plan **that** you can stick with. となる。

では「私が昨日、話しかけた女性はとても引き締まった体をしていた」はどうだろう。飾られる名詞「女性（the woman）」は「話しかけた（spoke to）」の目的語だ。「彼女」は人だから who(m) を使って The woman **who(m)** I spoke to was very lean. となる。そして Find a diet plan you can stick with. というふうに、この使い方の関係代名詞のみ省いて言ってもいい。

ビジネス英語

The woman who I was talking to yesterday is the head of our marketing department.
私が昨日話していた女性は我々のマーケティング部門の部長です。

＊関係代名詞は「名詞を文で飾るとき」に使う

＊「飾られる名詞」と「飾る文」の関係性によって、使うべ
き関係代名詞が異なる

＊ who ＋動詞：
飾られる名詞（人）が、飾る文の「主語」である場合

＊ which ＋動詞：
飾られる名詞（物）が、飾る文の「主語」である場合

＊ that ＋動詞：
飾られる名詞（人でも物でも）が、飾る文の「主語」であ
る場合

＊ whose ＋名詞：
飾る文が、飾られる名詞の「持ち物」である場合

＊ which ＋主語＋動詞：
飾られる名詞（物）が、飾る文の「目的語」である場合

＊ who(m) ＋主語＋動詞：
飾られる名詞（人）が、飾る文の「目的語」である場合

＊ that ＋主語＋動詞：
飾られる名詞（人でも物でも）が、飾る文の「目的」となっ
ている場合

　関係代名詞も、英語アレルギー再発の元になりやすいようだが、複雑に考えることはない。「飾られる名詞」「飾る文」という関係性が見えれば楽勝だ。

　さて、ここまで英語を学習してきて、どうだろう。やっぱり難しいだろうか？
　難しいと思っている君も安心してくれ。何度も言うが英語なんて慣れだ。俺だって最初は難しいと感じていたが、今じゃ難しくもなんともない。
　そうだな、筋トレに例えると、昔はベンチプレス100kgなんて絶対に挙がらないと思っていたけど、今やベンチプレス100kgなんてウォームアップだぜ！　って感じになる時が英語でも来る。
　そうなるためには継続あるのみだ。頑張れ！

筋トレ英語 part4

　日常会話ではまったく役に立たない筋トレ英語もついに最終章。part4だ！　気合いを入れたいときや、パートナーを鼓舞する言葉など、筋トレ中に使う超実践的な英語を紹介するぞ！　基本、すべて大きな声で叫ぶように使ってくれ！

Yeah buddy!

ロニーコールマン★が筋トレ中に叫ぶ気合い。よっしゃー！　みたいなもんで特に意味はない！　叫ぶとメッチャ気持ち良い。

Light weight Baby!

軽いぜベイビー！　っていう自己暗示的気合い。重いバーベルに向かって叫ぶ。ちなみにこちらもロニーコールマン★が叫ぶ気合い。叫ぶとメッチャ気持ち良い。

Keep pushing!

もっと追い込め！　という指示。トレーナーがクライアントに言ったり、トレーニングパートナーを追い込むときに使う。

★ロニーコールマンとは、世界最高峰のボディビル大会であるミスター・オリンピアを8連覇した史上最高峰のボディビルダーである。ぜひ、YouTube で本場の「Yeah buddy!」と「Light weight baby!」を check してほしい。トレーニング前に見るとアガる。

Squeeze!

収縮させろ！　という指示。トレーニング中に筋肉の収縮を意識させたいときに使う。

Feel the stretch!

筋肉がストレッチしているのを感じろ！　という指示。トレーニング中にストレッチを意識させたいときに使う。

One more!

もう一発!

Come on!

もっとだ!

Easy!

楽勝だぜ!

Testosterone 筋トレ名言集

グローバルにビジネスしたいと考えているそこの君！
英語と筋トレ同時進行でやりなさい。
外資系企業のキーマンは大抵筋トレしてるし、
いつも世界中を飛び回っていてジムに行く暇がないから
接待ジムしてあげるとメッチャ喜んで心掴めるから。
筋トレは英語と同じ位優れた言語だよ。
トレーニング後のプロテインを渡すまでが接待だから
忘れんなよ！

158

Chapter 6

いろいろな表現

ここでは「あそこに〜がある」とか、
「〜するために〜した」とか、
覚えておくと幅が広がる表現を学ぶぞ。
これで、「あそこにダンベルがある」とか、
「好きな子に告白するためにスクワットした」とか、
いろいろ言えるようになるぞ！
もはや英語で言えないことはないレベルだな！

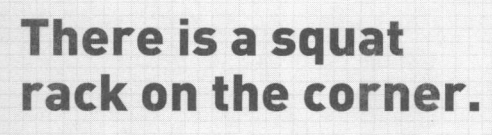

There is a squat rack on the corner.

**あそこの角に
スクワットラックがあります。**

解説

　いよいよ最終章だ。文法的に難しいものはもうない。覚えれば覚えるほど、英語表現のバリエーションが広がるのでシチュエーションを想像したりして楽しみながら最後まで勉強していこう。

　まずは、There is 〜（そこに〜がある）という言い方だ。

there は「そこに」といった意味で、「○○がある」と言うからには「○○」が主語になる。つまり、「There is 単数」「There are 複数」のように○○にあたる名詞で be動詞を使い分けるぞ。

　この言い方は、ある物の存在を示す場合に使う。使い方のポイントは、「私の」「その」などと「物が特定されていないこと」だ。

　たとえば「あそこの角にスクワットラックがあります」は **There is** a squat rack on the corner. だが、「あそこの角に私のダンベルがある」などと言いたい場合は My dumbbells are on the corner. だ。

　このように There is 〜を使うのは、「見知らぬ物」「初めて見た物」「特定されていない物」を示す場合だけ。my ／ his ／ the などと特定されている場合は There is 〜 は使わない、と覚えておこう。

ビジネス英語

There is a coffee shop behind* our building.

我々のビルの裏側に喫茶店があります。

I didn't eat that cake so that I can lose weight.

**私は体重を減らすために
あのケーキを食べなかった。**

解説

　so thatには３つの使い道がある。

　まず１つめは「目的」を示す使い方。so　thatの後ろに「～のために」という１文を入れれば、「○○するために～する」「○○するために～した」といった表現ができるようになる。

たとえば「ボディビル大会で勝てるように懸命に筋トレした」は I lifted weights hard **<u>so that</u>** I could win the bodybuilding competition.だ。ここで時制に注目！　日本語だと「勝てるように」 だが、英語の場合は so thatの前にある文の時制に影響される。だから「勝てるように」にはcanの過去形couldを使うわけだ。

　では「ボディビル大会で勝てるように、懸命に筋トレするつもりだ」はどうなるか。

　この so thatは「so that＋主語＋can＋動詞の原形」で使うのが基本のため、I will lift weights hard **<u>so that</u>** I will be able to win the bodybuilding championship.となる。

ビジネス英語

I worked very hard so that I can get promoted as quick as possible.
できる限り早く昇進するために私は一所懸命に働いた。

I woke up early so that I can go to gym before work.
私は仕事の前にジムに行くために早く起きた。

He was on a very strict* diet, so that he lost a lot of weight.

彼はとても厳しい減量を行なったので、体重が大幅に減った。

解説

so that の使い方その2は「結果」だ。

たとえば「懸命に筋トレしたら、ボディビル大会で優勝した」は I lifted weights hard, so that I won the bodybuilder championship. となる。

　ここで、前項の「目的」との違いが分かっただろうか？

「目的」と「結果」とでは何が違うか——so that の後ろの文型だ。

「結果」を示す場合は、so that の後ろの文を can でも could で

もない、単なる過去形にする。

　つまり so that の後ろの文を既成事実として、言い換えれば「す

でに起こったこと」と表現することで、「〜した結果、〜した」と

いう意味になるわけだ。この意味では「…, so that 〜」のように、

カンマをつけることが多いぞ。

　so that の３つの使い方のうち、今まで見てきた「目的」と「結果」

は形が似ている。これらは「時制で使い分ける」と覚えておこう。

ビジネス英語

He worked very hard, so that he got promoted.

彼は一所懸命に働いたので、昇進した。

She studied very hard, so that she passed the examination.

彼女はとても一所懸命に勉強したので、テストに合格した。

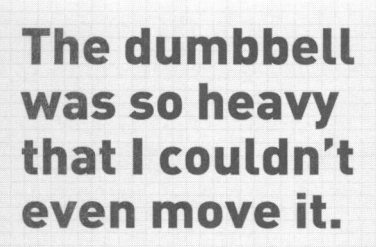

The dumbbell was so heavy that I couldn't even move it.

そのダンベルはあまりにも重くて 動かすことすらできなかった。

解説

　so that の使い方その3は、少し形が変わる。so と that の間に割り込むヤツがいるのだ。筋トレマシーンの列に割り込むヤツはけしからんが、so that に割り込むヤツには、ちゃんと理由があるので許してやってほしい。

そいつは形容詞だ。so …（形容詞）that 〜　とすることで「…（形容詞）すぎて〜だった」という「程度」を表現できる。ちなみにこれは、4章の to不定詞（P111）で見た「too＋形容詞＋ to不定詞」とまったく同様に使えるぞ。

　たとえば、「そのダンベルはあまりにも重くて動かすことすらできなかった」と言いたい場合、文中の形容詞「重い（heavy）」を so の後ろに置いて The dumbbell was **so** heavy **that** I couldn't even move it. となる。

「私のトレーナーがとてもチャーミングなので、私は毎日ジムに行く」——so that はこんなときにも使える。形容詞「チャーミング（charming）」を so と that の間に割り込ませて、My trainer is **so** charming **that** I go to the gym everyday. と言えばいいのだ。

ビジネス英語

This week was so busy that I couldn't even go home.
この1週間は家に帰る間もないほど忙しかった。

* There is(are) 〜：「そこに〜がある」
* There is(are) は「私の〜（ **my 〜**）」「その〜（ **the 〜**）」
  には使わない
* …（現在形／未来の表現） **so that** 主語 **can** 動詞の原形：
  「〜するために…」（目的）
* …（過去形） **, so that** 〜（過去形）：「…したら、〜した」
  （結果）
* **so** … **that** 〜：（…すぎて〜）（程度）

　there is も so that も日常的にメチャメチャよく使われるので there is と so that を覚えるだけで君の英語力はググっと伸びる。これはスクワットこそがキングオブエクササイズである！というくらい確実なことだ。最後だからといって気を抜かず、心して there is と so that の意味と使い方を頭に叩き込んでくれ。

　さて、これで文法のレッスンは、ひとまずおしまいだ。

　この短期間で、中学・高校の英語の教科書を網羅したかといえば答えは「NO」だが、最低限、相手に伝わるように話せるだけの文法的知識は盛り込んだので安心してくれ。英語が難しいなんてのはイメージだ。実際は中学校で習う単語や文法さえ使いこなせれば、いくらでもコミュニケーションが可能だ。

　筋トレにおいて最も大切なのが「ビッグ3」と呼ばれる王道エクササイズであるように、英語において最も大切なのは中学校までで習う基本だ。逞しい肉体を作り上げるためにファンシーなエクササイズは必要なく「ビッグ3」があれば十分なのと同様、英語を話すのにこの本で習った以上の複雑な構文や難しい単語などいらない。そんなものは使いながら徐々に学んでいけばいい。

　新しい単語や文法を覚える前に、まずはここまでで学んだ内容を使って英語で会話してみてくれ。今ある知識を実用できるレベルにまで磨くのだ。それだけで君の英会話力は飛躍的に UP する。1章でも言ったが、君には英語を話すための知識が既に十分備わっている。あとはそれを磨くだけだ。この本を読み終えたらいったん、英語を勉強するのはストップだ。新しい知識のインプットはいらない。アウトプットしろ。まずは英語を使うのだ。

英語と筋肉があれば、世界中のどこでも生きていける。

「目標が見つからない」……そんな人にこそ、英語と筋トレをお勧めしたい。英語と筋トレは、どの分野においても必ず役に立つ万能の力だ。そして努力を絶対に裏切らない。才能なんて関係なく、やったらやった分だけ確実に成長する。１００％リターンが得られる投資と言っても過言ではないだろう。

　まず英語について。英語が話せれば仕事の選択肢は広がるし、収入もUPする。翻訳ツールが発達してきていて、英語を学ぶ必要なんてない時代が来ると言われているが、そんなことはあり得ない。それを信じて英語を勉強しない人が増えれば増えるほど英語がしゃべれる人の価値は上がっていくから気にせず勉強しろ。確かにGoogle翻訳の精度は恐ろしいスピードで上がっているので、メールや情報収集における英語使用のメリットは減っていくが、コミュニケーションとしての英語は絶対にすたれない。意思疎通するだけならGoogle翻訳でもいけるかもしれないが、自動翻訳機を使って深い人間関係を築いたケースを俺は見たことがない。さらにAIは文脈が読めないので、自動翻訳機が将来的に人間と同じレベルにまで到達するにはまだまだ相当な時間がかかるだろう。自動翻訳機を使ってシームレスな会話が実現するのは、まだまだ先の話だろう。
　さて、英語が話せるメリットに話を戻そう。英語が話せればアプローチできる異性の数が段違いに増える上に（自動翻訳機を使って

異性を口説くなんてしらけると思います！）、日本では特に英語が
しゃべれるだけで「エリート、収入が良い、世界中どこでも生きて
いけそう」とプラスのイメージが勝手に付随するので異性受けもめ
ちゃめちゃ良く、モテにも繋がる。

　"収入 UP" と "モテ "、この２つが欲しくないと言える仏様みたい
な人以外は、英語をマスターしておいて損はないだろう。

　次に筋トレ。一般的に筋トレというと、「筋肉をつけるもの」と
いうイメージが先行していると思う。もちろんそれで間違いないの
だが、筋トレによって手に入るのは筋肉だけではない。

　まずは、当たり前だが健康が手に入る。筋トレによって運動不足
は解消されるし、食事内容にも気をつかうようになるので、生活習
慣病の予防にもなる。

　よくアスリートや肉体労働者に対して「体が資本」というが、サ
ラリーマンや OL だって体が資本だ。健康的な体、長時間働ける体
力は目標達成のための最強の武器になる。何を始めるにしても必ず
必要となってくるのが健康的な体と長時間働ける体力なのだ。

　筋トレをして体が引き締まればスーツもバシッと着こなせるよう
になる。想像してみてくれ。君が企業の人事担当だとしよう。ヒョ
ロヒョロで病弱に見える人間、がっちりしていて健康そうな人間、
どちらを採用したいと思うだろうか？　自分の価値を高めることに
おいて、見た目は非常に大切な要素である。そして、顔や身長は変
えられないが、筋トレをして体格を変えることはできる。

　さらに、筋トレをして筋力を伸ばし、筋肉が大きくなれば、上司
や不良も「いざとなれば力ずくで葬れる」という全能感が生まれ日

常に余裕が生まれるはずだ（笑）。ちょっと荒々しい考えだが、多くの人が体感しているのでぜひあなたも騙されたと思って筋トレをしてみてほしい。

　きちんと筋トレを続けていくと自然と自制心も鍛えられ、自己管理能力が高まる。アメリカでは太っていると「自制心がない」「自己管理ができない」という烙印を押されて出世ができないこともあるぐらいだ。自分の健康すら管理できない人間が、他人を管理できるわけがないという理屈だ。逆に筋トレで自らを鍛えていれば、自己管理ができる者として社会での評価は上がる。鍛え上げられた肉体で自制心があることをアピールできるのであれば、それをしない手はない。

　真面目な話、英語と筋トレさえできれば世界中どこでも生きていけるし食いっぱぐれることはない。どこでも生きていけるという自信があれば、それは日常における更なる余裕にもつながる。人は選択肢が１つしかないと余裕がなくなり、冷静な判断が下せなくなったり感情的になってしまうものだ。日本がダメなら海外で働くという選択肢があれば、余裕を持って優雅に毎日を過ごせるようになるだろう。英語と筋トレをマスターしておけば、冗談抜きで、一流大学を出ていることと同等ぐらいの価値がある。目標が見つからなかったら、ぜひやってみてくれ。

Chapter 7

こなれた表現

最後になるが、日常会話でメチャメチャ役立つ
英会話を勉強しておこう。
教科書には載っていない英語ばかりだが、
これらなしに会話が成り立たないと言っても
過言ではないぐらい日常的に使われる
いわゆるスラングってやつだ。
覚えておいて絶対に損はしない。
教科書に載っていないから、
使いこなせれば玄人感が出てドヤ顔できるぞ！

1. Wanna（= want to）　〜したい

【例文】

I wanna go to gym.　ジムに行きたい。

I wanna train.　トレーニングしたい。

2. Gotta（= have to）
Have got to（= have to）
〜しなければいけない

【例文】

I gotta go to gym.

ジムに行かなければいけない。

I have got to buy some protein.

プロテインを買わなければいけない。

Sorry, I gotta go.

ごめん、もう行かないと。

3. Gonna（= going to）
〜するつもりだ

【例文】

I'm gonna go to gym.
私はジムに行く。

Are you gonna go to gym?
あなたはジムに行きますか？

Are you gonna be ok?
あなたは大丈夫そうですか？

4. Awesome　素晴らしい、クール

【例文】

That's awesome!

それは素晴らしい！

5. What's up　調子はどうだい

【例文】

What's up!　調子はどうだい！

What's up guys?　皆調子どうだい？

- Not much.　- 普通だよ。

6. What's going on?
調子はどうだい？

【例文】

What's going on?
調子はどうだい？

Nothing much. What's up?
特に何もないよ。何かあった？

7. Weird おかしい

【例文】

Gym is closed.
ジムが閉まってる。

That's weird, I checked their schedule and they should be open today.
それはおかしいな、スケジュールをチェックしたけど今日はオープンのはずだよ。

8. Are you kidding? 冗談だろ？

【例文】

Can you bench 100kg?
100kg ベンチできる？

Are you kidding? That's my warmup.
冗談だろ？そんなのはウォームアップだよ。

9. Messed up. やっちまった（失敗）

【例文】

Oh my god, I messed up.
オーマイゴッド！やっちまった！

You messed up!
やっちまったな！

10. I feel you. わかるよ（共感）

【例文】

You feel me? わかるだろ？

I feel you man. わかるよ。

11. Absolutely! 間違いない！

【例文】

Do you wana do it?
やりたいですか？

Absolutely!
勿論だ！

12. What's wrong? 何かあった？

【例文】

What's wrong?
何かあった？

You look sad, what's wrong?
悲しそうな顔をしているね、何かあった？

Thanks for asking.
聞いてくれてありがとう。

13. Way to go!　やるじゃん！

【例文】

Way to go!
やるじゃん！

I passed the exam!
試験に合格したよ！

Way to go brother!
良くやったな兄弟！

14. Ain't = is not　〜ではない

【例文】

Are you ready?
準備できた？

I ain't ready yet.
まだできていません。

15. Kinda = kind of

うん、まああね。なんとなくね。Absolutely ほどではない微妙な賛同のニュアンス。賛同はしている。

【例文】

Are you hungry?
お腹すいた？

Kinda.
うん、まあ。

16. whatever

どうでもいいよ（あきれ気味）

【例文】

I'm stronger than you!
俺はお前より強いぞ！

Whatever...
どうでもいいよ…

※ **brother**、**man**、**guys** などの表現は、日常会話で呼びかけに使われるもの。「血のつながりのある兄弟」や「男性」という通常の意味とは異なるから注意だ！

column 2

どうしてもやる気が
出ないときの秘策。

　仕事で疲れてしまったり、なんだか気分が乗らないと、「まあ、今日は勉強しなくてもいいかな……」と自分に甘くなってしまうことが誰しもあるだろう。仕事の資料作りなどでも当てはまると思うが、やる気が出るのを待っていてもなかなか出てこない。結局、ダラダラと時間が経ってしまうのがオチだ。

　そんなとき、やる気を出す "唯一の方法" がある。それが、「**無理矢理にでもやり始めること**」だ。

　そう、やる気ってのは、逆説的だが "実際にやりだしてから" 出てくるものなのだ。やる気が出るのを待ち続けていてもなかなか出てこないが、とりあえず机に向かってみて、座って、教材を開いて、単語1つでも覚えようとしてみれば、自然とやる気が出てくる。いや、単語1つは言い過ぎかもしれない。5分10分は嫌々やるのを覚悟してくれ。

　これは、脳科学でも心理学でも実際に様々な研究がされており、エビデンスも存在しているので気になる方はぜひググってみてほしい。「やる気　やり始める」とでも検索すればいろいろ出てくる。

　これは俺の実体験からも強く言える。たとえば、俺は筋トレをライフワークとしているが、「今日はちょっとめんどくさいなぁ」と気が緩んでしまうことも多々ある。そんなときはやりたくないと言っている自分の気持ちは無視してとりあえずジムに行く。ジムに行くと、「せっかく来たんだし、ちょっとやっていくか」となり、やっているうちに「やっぱ筋トレ最高！」となっていき、最終的には

普段通りのメニューをこなしている。一通り終わったあとには、ジムに来る前の自分が嘘だったかのように「やっぱり来てよかったー！」という爽快感に包まれる。

　ジムに行くとやる気がみなぎってくる現象には、ほかにもさまざまな要因がある。たとえば、ジムでトレーニングに励んでいる人は、やる気に満ち溢れた人ばかりだ。そのポジティブな感情はこちらにも伝染するし、トレーニーたちの屈強な筋肉を見たら憧れや闘争心が湧いてくる。

　また、人はサンクコストを捨てるのが苦手という心理も影響しているだろう。サンクコストとは、「埋没費用」とも言われるが、簡単に言うと取り戻すことができないコスト（労力、時間、金）のことだ。この場合、わざわざジムまで足を運んだという労力と、ジムに行くまでの時間がサンクコストになる。「使ってしまった労力と時間を無駄にしてたまるか！」となるわけだ。この場合、労力と時間を無駄にしたくなければ筋トレをするしかない。

　ここまでジムで譬えたが、勉強のやる気が出ないならとりあえず図書館に行ってみるのもいいだろう。自習室に行けば勉強に励む人が大勢いるから、周りに感化されてやる気も湧いてくる。それに、サンクコストを利用して「せっかく図書館に来たんだし、そのまま帰るよりちょっと勉強していくか」という心理になれば自ずと勉強が始められるだろう。やり始めたら、やる気も出てくる。

　自宅にいてもやる気が出ない、自宅でやり始めてみてもどうもやる気が出ないという人は、環境を変えてみるのも１つの手だ。

おわりに

　いかがだっただろうか？　「英語なんて筋トレに比べたら楽勝じゃねえか！」という気持ちになっていただけただろうか？　英語に対する苦手意識が少しでも消えただろうか？　そうであれば、俺は本当に嬉しい。

　この本は英語を好きになるためのキッカケに過ぎない。ここで止まらず、この調子でガンガン英語を勉強して英語をマスターしちゃってほしい。

　さて、最後になるが行動の重要性を説かせてもらおう。

　信念、アイディア、知識、目標、この世のありとあらゆるものは、行動が伴わなければ何の価値もない。英語も同様。使わなければ無価値だ。英単語を覚えるのは簡単。文法を覚えるのは簡単。海外ドラマを観るのは簡単。ここまでは誰にでもできる。だが、実際に行動に移すのが難しい。だからこそ価値がある。

　覚えた単語を、文法を、海外ドラマで鍛えた英語力を活かして実際に英語を使って会話をすることに真の価値がある。

　俺からのお願いだ。行動してくれ。実際に英語を使って会話してみてくれ。俺が保証しよう。あなたたちは自分で思っている以上に英語が話せる。足りないのは、ほんの少しの自信と勇気だけだ。

— *Here's my last message to you guys, believe in yourself.*

（俺からの最後のメッセージだ、自分を信じろ）

Be a doer, not a talker.

（口だけの人間になるな、行動する人間になれ）

Testosterone

筋トレ英会話
——ビジネスでもジムでも使える超実践的英語を鍛えなおす本

平成30年7月10日　初版第1刷発行

著　　者	Testosterone
発 行 者	辻　　浩　明
発 行 所	祥　伝　社

〒101-8701

東京都千代田区神田神保町3-3

☎03（3265）2081（販売部）

☎03（3265）1084（編集部）

☎03（3265）3622（業務部）

印　　刷	堀　内　印　刷
製　　本	ナショナル製本